Привет! Русский язык
안녕! 중급 러시아어

최윤희 * Бриченкова Е. С. 공저

도서출판 GS인터비전

머리말

Учебное пособие предназначено как для студентов, изучающих русский язык в учебной аудитории и вне ее, так и для широкого круга лиц, проявляющих живой интерес к русскому языку.

Пособие рассчитано на учащихся, продолжающих изучение русского языка как иностранного. Учебное пособие способствует подготовке к сертификационным экзаменам по русскому языку (TRFL(I), TRFL(II), FLEX), развивая навыки чтения, говорения и письма, что и является основной задачей данной книги.

Обучение коммуникации на русском языке осуществляется на основе текстового материала, взятого из разных источников (художественная литература, фольклор, статьи из газет, журналов и интернета). Авторы используют тексты в сокращенном, адаптированном виде в целях облегчения их восприятия учащимися данного уровня подготовки.

Пособие состоит из 15 уроков.

Каждый урок включает разделы «Почитаем», «Грамматика», «Практика».

Пособие включает учебник и приложение.

이 책은 러시아어를 1년 이상 학습한 중급 수준의 학습자들을 위하여 만든 교재입니다. 러시아어 기초 문법을 이미 익힌 학생들이 한 단계 높은 수준의 러시아어 실력을 갖추고, 각종 러시아어 시험과 취업 준비에 도움이 될 수 있도록 중요한 문법 내용들을 중심으로 독해와 연습문제들을 통해 충분히 실력을 다질 수 있도록 구성하였습니다. 그리하여 이 교재는 러시아어 교육자와 함께 수업교재로도 혹은 학습자 스스로 자기 실력 향상을 위한 독학 교재로도 충분히 이용할 수 있습니다.

이 교재는 러시아어 문법에 있어서 중요하고 핵심적인 요소들이면서 학생들이 많이 어려워하고 헷갈려하는 문법 내용들을 집중적으로 익히고 연습할 수 있도록 구성되어 있습니다. 구체적으로 외국인을 위한 러시아어 인증시험인 러시아어 토르플 시험의 1단계와 2단계 수준의 시험을 위해서는 반드시 익혀두어야 할 중요 문법 내용들을 중심으로 이루어져 있으며, 그러한 수준의 독해와 연습문제들을 중심으로 익힐 수 있도록 하였습니다. 그리하여 본 교재는 중급수준의 강독 교재로도 문법 교재로도 충분히 활용할 수 있습니다.

교재는 총 15과의 내용과 부록으로 러시아어 기본 문법표와 해답편으로 이루어져 있습니다. 문법 내용으로는 전치사 유, 무에 따른 격의 활용과 의미, 운동동사, 동사 상, 형동사, 부동사, 접속사, 화법 등을 중심으로 전개되어 있으며, 각 과에는 문법 내용과 연결된 다양한 본문들을 소개하여 중급 수준의 어휘력 및 독해 실력을 향상시키고, 문장 속에서 문법 내용들의 쓰임을 살펴보며 러시아의 다양한 이해를 돕고자 준비하였습니다. 그리고 각 과마다 다양한 연습문제들을 통해 충분히 연습할 수 있도록 하였으며, 특히 학생들이 많이 어려워하는 형동사와 부동사 구문에서는 좀 더 많은 문제들로 충분히 실력을 다질 수 있도록 하였습니다. 이 책을 통해 좀 더 수준 높은 러시아어 실력을 갖추기 위해 성실히 노력하는 학습자들에게 조금이나마 도움이 되길 기원해봅니다.

마지막으로 출판을 허락해주시고 아낌없는 지원과 격려를 해주신 GS인터비젼 출판사의 송기수 사장님과 꼼꼼하게 교재를 마무리해주신 송진우 선생님과 편집부 선생님들께 감사의 인사를 전합니다.

2014. 2월

러시아어 자음과 모음

차례	활자체		필기체		명칭		발음	
1	А	а	*А*	*а*	а	아	[a]	아
2	Б	б	*Б*	*б*	бэ	베	[b]	ㅂ
3	В	в	*В*	*в*	вэ	붸	[v]	ㅂ
4	Г	г	*Г*	*г*	гэ	게	[g]	ㄱ
5	Д	д	*Д*	*д*	дэ	데	[d]	ㄷ
6	Е	е	*Е*	*е*	е(йэ)	예	[jɛ]	예
7	Ё	ё	*Ё*	*ё*	ё(йо)	요	[jo]	요
8	Ж	ж	*Ж*	*ж*	жэ	줴	[ʒ]	ㅈ
9	З	з	*З*	*з*	зэ	제	[z]	ㅈ
10	И	и	*И*	*и*	и	이	[i]	이
11	Й	й	*Й*	*й*	и краткое 이 끄라뜨꼬예		[j]	이
12	К	к	*К*	*к*	ка	까	[k]	ㄲ
13	Л	л	*Л*	*л*	эл	엘	[l]	ㄹ
14	М	м	*М*	*м*	эм	엠	[m]	ㅁ
15	Н	н	*Н*	*н*	эн	엔	[n]	ㄴ
16	О	о	*О*	*о*	о	오	[o]	오

차례	활자체		필기체		명칭		발음	
17	П	п	П	п	пэ	뻬	[p]	ㅃ
18	Р	р	Р	р	эр	에르	[r]	ㄹ
19	С	с	С	с	эс	에쓰	[s]	ㅆ
20	Т	т	Т	т	тэ	떼	[t]	ㄸ
21	У	у	У	у	у	우	[u]	우
22	Ф	ф	Ф	ф	эф	에프	[f]	ㅍ
23	Х	х	х	х	ха	하	[x]	ㅎ
24	Ц	ц	Ц	ц	цэ	쩨	[ts]	ㅉ
25	Ч	ч	Ч	ч	че	체	[tʃ’]	치
26	Ш	ш	Ш	ш	ша	샤	[ʃ]	쉬
27	Щ	щ	Щ	щ	ща	시챠	[ʃʃ]	시
28	Ъ	ъ	Ъ	ъ	твёрдый знак 뜨뵤르드이 즈나크			-
29	Ы	ы	Ы	ы	ы	의	[ɨ]	의
30	Ь	ь	Ь	ь	мягкий знак 먀흐끼 즈나크			-
31	Э	э	Э	э	э	에	[ɛ]	에
32	Ю	ю	Ю	ю	ю	유	[ju]	유
33	Я	я	Я	я	я	야	[ja]	야

차 례

1 Урок

격의 의미와 활용

Михайл Афана́сьевич Булга́ков

ПОЧИТАЕМ

Михаи́л Афана́сьевич Булга́ков

Михаи́л Булга́ков, ру́сский писа́тель, драмату́рг, роди́лся 3 ма́я 1891 го́да в семье́ профе́ссора Ки́евской духо́вной акаде́мии А.И.Булга́кова в Ки́еве. В семье́ бы́ло 7 дете́й.

В 1909 году́ Михаи́л Булга́ков око́нчил гимна́зию и поступи́л на медици́нский факульте́т Ки́евского университе́та. Вы́бор профе́ссии врача́ объясня́лся тем, что о́ба бра́та ма́тери бы́ли врача́ми и хорошо́ зараба́тывали. В университе́те Булга́ков учи́лся 7 лет.

В 1913 году́ М. Булга́ков жени́лся на Татья́не Ла́ппа. Де́нежные тру́дности начали́сь уже́ в день сва́дьбы.

По́сле нача́ла Пе́рвой мирово́й войны́ М. Булга́ков не́сколько ме́сяцев рабо́тал врачо́м в прифронтово́й зо́не. Во вре́мя Гражда́нской войны́, в феврале́ 1919 го́да, М. Булга́кова призва́ли как вое́нного врача́ в ряды́ а́рмии.

В конце́ сентября́ 1921 го́да М. А. Булга́ков перее́хал в Москву́ и на́чал рабо́тать в столи́чных газе́тах и журна́лах. В э́то же вре́мя он опубликова́л не́которые свои́ произведе́ния в газе́те "Накану́не", выпуска́вшейся в Берли́не. В 1923 году́ Булга́ков вступи́л во Всеросси́йский Сою́з писа́телей.

В 1924 году́ он познако́мился с неда́вно верну́вшейся из-за грани́цы Любо́вью Евге́ньевной Белозе́рской, кото́рая в 1925 году́ ста́ла его́ второ́й жено́й.

С октября́ 1926 го́да во МХАТе с больши́м успе́хом шла пье́са "Дни Турбины́х". Пье́са о́чень понра́вилась И.Ста́лину, кото́рый смотре́л её бо́лее 14 раз. Но в свои́х выступле́ниях И.Ста́лин говори́л, что "Дни

Турби́ных' — "антисове́тская шту́ка, и Булга́ков не наш". В сове́тской пре́ссе ре́зко критикова́ли тво́рчество М.А. Булга́кова.

В 1928 году́ М.А. Булга́ков е́здил с жено́й на Кавка́з. Здесь у него́ возни́к за́мысел рома́на, поздне́е на́званного "Ма́стер и Маргари́та".

В 1929 году́ Булга́ков познако́мился с Еле́ной Серге́евной Шило́вской кото́рая ста́ла его́ тре́тьей, после́дней жено́й в 1932 году́.

К 1930 году́ произведе́ния Булга́кова переста́ли печа́тать. Материа́льное положе́ние бы́ло тяжёлым. Он написа́л письмо́ Прави́тельству СССР. Булга́кову бы́ло разрешено́ рабо́тать в теа́трах, но ему́ не позволя́ли вы́ехать за грани́цу.

В 1939 году́ здоро́вье М. Булга́кова ста́ло ре́зко ухудша́ться, он стал теря́ть зре́ние. В э́тот пери́од писа́тель на́чал диктова́ть жене́ после́дний вариа́нт рома́на "Ма́стер и Маргари́та", кото́рый опублико́вали в 1966 году́, то есть спустя́ 26 лет по́сле сме́рти писа́теля. Рома́н принёс Булга́кову мирову́ю изве́стность.

10 ма́рта 1940 го́да Михаи́л Афана́сьевич Булга́ков сконча́лся. Он был похоро́нен на Новоде́вичьем кла́дбище. На его́ моги́ле был устано́влен ка́мень, на́званный "голго́фой", кото́рый ра́нее лежа́л на моги́ле Н. В. Го́голя.

(по книге Б.В. Соколова "Михаил Булгаков")

СЛОВА И ВЫРАЖЕНИЯ

драмату́рг	극작가, 각본가	зре́ние	시력, 시각
вступи́ть	참가하다, 들어가다	верну́вшийся	돌아온, 회복된
духо́вный	정신의, 교회의	успе́х	성공
акаде́мия	아카데미, 학술원	пье́са	희곡
гимна́зия	김나지움(7-9년제 중학교)	объясня́ться	설명하다
пре́сса	정기간행물(신문, 잡지 등)	антисове́тский	반소비에트의
зараба́тывать	돈을 벌다	сове́тский	소비에트의
тру́дность	곤란, 난관	выступле́ние	출연, 연설, 등장
сва́дьба	결혼	критикова́ть	비판, 비난하다
прифронтово́й	최전선의, 전방의	тво́рчество	창조물, 작품
зо́на	지대, 지역	возни́кнуть	발생하다, 생기다
вое́нный	전쟁의	за́мысел	의도, 계책
перее́хать	이전, 이사하다	печа́тать	인쇄, 출판하다
столи́чный	수도의	прави́тельство	정부, 내각
опубликова́ть	발표, 공개하다	разрешён, -а, -о	해결되다
произведе́ние	작품	позволя́ть	허락, 허가하다
выпуска́вшийся	출판된	теря́ть	잃다, 상실하다

Ки́евская духо́вная акаде́мия	끼예프 신학 아카데미(신학대학교)
Ки́евский университе́т	끼예프 대학교
Гражда́нская война́	시민전쟁
призва́ть в ряды́ а́рмии	군대에 징집, 소집하다
Всеросси́йский Сою́з писа́телей	전러시아 작가연맹
МХАТ(Моско́вский худо́жественный академи́ческий теа́тр)	모스크바 예술 아카데미 극장
материа́льное положе́ние	경제상태
голго́фа	골고다(예수님이 십자가에 못 박힌 언덕)
Новоде́вичье кла́дбище	노보데비치 묘지(노보데비치 수도원 내)
Н.В. Го́голь	고골(러시아 작가)

Вопросы к тексту

А. Ответьте на вопросы.

1. Как называется текст?
2. О ком рассказывается в тексте?
3. Когда и где родился М.А. Булгаков?
4. Где учился писатель?
5. Почему Булгаков выбрал профессию врача?
6. Чем занимался Булгаков во время гражданской войны?
7. Когда он начал свою писательскую деятельность?
8. Какой роман принёс Булгакову мировую известность?
9. Когда умер писатель?
10. Расскажите о вашем любимом писателе и вашей любимой книге.

Б. Сделайте письменный пересказ текста.

В. Переведите текст на корейский язык.

ГРАМАКТИКА

러시아어의 모든 명사, 형용사, 대명사 및 일부 수사는 성(남성, 여성, 중성), 수(단수, 복수), 격(6격)을 가진다(이 품사들의 다양한 격변화 표는 부록 참고). 이 장에서는 전치사 없는 격의 의미와 활용을 살펴본다.

◉ 전치사 없는 격의 활용과 의미

1) 주격(кто? что?)

명사의 주격은 문장에서 주어나 술어 역할을 한다.

· Анна живёт в Санкт-Петербу́рге. 안나는 상뜨 뻬쩨르부르그에 살고 있다.

· Моя́ сестра́ - врач. 나의 언니는 의사이다.

2) 생격(кого? чего?)

① 다른 명사와 결합하여 소속, 소유, 자질을 나타낸다.

· Теа́тр нахо́дится в це́нтре го́рода. 극장은 시내 중심지에 위치해있다.

② 단어 нет(не́ было, не бу́дет)와 결합하여 대상의 부재를 나타낸다.

· Сего́дня у меня́ нет вре́мени. 오늘 나는 시간이 없다.

③ 형용사 비교급과 결합하여 비교 문을 만든다.

· Брат ста́рше сестры́. 오빠는 언니보다 나이가 많다.

④ 수사 2, 3, 4 뒤에는 단수 생격, 수사 5-0(11-19)뒤에는 복수 생격으로 쓰인다.

· В на́шей кварти́ре пять ко́мнат. 우리 아파트에는 방이 다섯 개 있다.

⑤ 불특정 수사 мно́го, ма́ло, доста́точно, не́сколько, ско́лько, сто́лько большинство́, мно́жество 뒤에 셀 수 없는 명사는 단수 생격, 셀 수 있는 명사는 복수 생격으로 쓰인다.

· В э́том году́ у меня́ мно́го рабо́ты. 올해 나에게는 많은 일이 있다.

⑥ 날짜를 표현할 때 월은 서수사의 중성 단수 주격으로, 월은 생격으로 쓰인다.

· Сего́дня второ́е ма́рта. 오늘은 3월 2일이다.

⑦ 일부 동사들은 뒤에 명사 생격을 요구한다.

불완료상	완료상	의미	불완료상	완료상	의미
проси́ть	попроси́ть	요청하다	тре́бовать	потре́бовать	요구하다
жела́ть	пожела́ть	희망하다	достига́ть	дости́чь	달성하다
избега́ть	избежа́ть	회피하다	хвата́ть	хвати́ть	충분하다
каса́ться	косну́ться	관계하다	пуга́ться	испуга́ться	놀라다

· Э́тот вопро́с каса́ется на́шей рабо́ты. 이 문제는 우리 일에 관한 것이다.

⑧ 여러 전치사와 결합하여 다양한 의미를 나타낸다(2과 참조).

3) 여격(кому? чему?)

① 행위가 행해지는 사람 또는 사물을 나타낸다.

· Я всегда́ помога́ю дру́гу. 나는 항상 친구를 도와준다.

② 무인칭문에서 어떤 상태를 행하거나 경험하는 사람을 여격으로 나타낸다.

· Мне интере́сен э́тот фильм. 나는 이 영화가 재미있다.

③ мо́жно, ну́жно, на́до, нельзя́ 구문에서도 주어가 여격으로 나타난다.

· Студе́нтам ну́жно гото́виться к экза́мену. 학생들은 시험을 준비해야 한다.

④ 나이를 표현할 때 여격을 사용한다.

· Бра́ту испо́лнилось 25 лет. 형은 25살이 되었다.

⑤ 일부 동사 및 형용사들은 뒤에 명사 여격을 요구한다.

불완료상	완료상	의미	형용사	의미
учи́ть(ся)	научи́ть(ся)	가르치다(배우다)	рад	기뻐하다
ра́доваться	обра́доваться	기뻐하다	ну́жный	필요한
удивля́ться	удиви́ться	놀라다	изве́стный	알려진
зави́довать	позави́довать	부러워하다	поня́тый	이해가되는

· Я зави́дую спосо́бностям дру́га. 나는 친구의 능력이 부럽다.

⑥ 몇 몇 전치사와 결합하여 다양한 의미를 나타낸다(2과 참조).

4) 대격(кого? что?)

① 타동사와 결합하여 행위가 행해지는 대상을 나타낸다.

· Ка́ждый ве́чер я чита́ю кни́гу. 매일 저녁 나는 책을 읽는다.

② 불완료상 동사와 결합하여 일정한 시간을 나타낸다.

· Мы изуча́ем ру́сский язы́к ка́ждый день. 우리는 러시아어를 매일 공부한다.

③ 여러 전치사와 결합하여 다양한 의미를 나타낸다(2과 참조).

5) 조격(кем? чем?)

① 행위가 수행되는 기구나 수단을 나타낸다.

· Я люблю́ писа́ть письмо́ ру́чкой. 나는 펜으로 편지 쓰는 것을 좋아한다.

② 시간을 나타낸다.

· Вчера́ я верну́лась по́здним ве́чером. 어제 나는 저녁 늦게 집에 돌아왔다.

③ 이동방법을 나타낸다.

· Мы е́дем по́ездом на экску́рсию. 우리는 기차로 견학을 간다.

④ 피동문에서 행위자가 조격으로 나타낸다.

· Зада́ние выполня́ется студе́нтами ежедне́вно.
과제는 매일 학생들에 의해 수행되고 있다.

⑤ 사람의 직위나 직업을 나타낸다.

· Он рабо́тает учи́телем. 그는 선생님이다.

⑥ 일부 동사들은 뒤에 명사 조격을 요구한다.

동사	의미	동사	의미
быть	~가 되다	стать	~가 되다
явля́ться	~이다	каза́ться	생각되다
занима́ться	종사하다	интересова́ться	흥미를 가지다
облада́ть	소유하다	увлека́ться	열중, 몰두하다
горди́ться	자랑하다	по́льзоваться	이용하다

· Я интересу́юсь ру́сской литерату́рой. 나는 러시아 문학에 관심이 있다.

⑦ 여러 전치사와 결합하여 다양한 의미를 나타낸다(2과 참조).

6) 전치격(о ком? о чём?)

전치격은 반드시 전치사와 함께 사용된다.
언급하고 있는 사람이나 사물을 나타내는 전치사 о(~에 대하여), 행위가 이루어지는 장소를 나타내는 전치사 в(~에, ~안에), на(~에, ~위에)와 시간(시대, 역사적인 시기), 장소, 조건을 나타내는 전치사 при(~때에)가 있다(구체적인 활용에 관해서는 2과 참조).

ЗАДАНИЯ

1. 다음 주어진 단어들을 올바른 형태로 고쳐 문장을 완성해보세요.

1) Мне нравятся ________________.	музыка, спорт, кино, танцы
2) Моя сестра любит ________________.	литература, балет, чтение, фильмы
3) Она позвонила ________________.	сестра, дочь, брат, родители
4) Он работает ________________.	учитель, медсестра, гид, переводчик
5) У Кости нет ________________.	машина, словарь, время, деньги
6) Дети пишут ________________.	ручка, карандаш, маркер, фломастеры
7) Мы написали ________________.	бабушка, директор, дети общество

8) Я купил бутылку ________________________.	водка, сок, молоко, шампанское
9) Что вы сказали ________________________?	мать, подруга, друг, студенты
10) Саша хорошо знает ____________________.	Катя, Максим, Игорь, друзья

2. 오른쪽에 주어진 각 보기들을 올바른 형태로 고쳐 문장을 완성해보세요.

1) Друзья договорились _________.	он
2) Девушка навестила _________.	они
3) _________ ты сказал о Маше?	кто
4) Я рад _________.	это
5) Он тихо пел _________.	она
6) _________ вы спорите?	что
7) Дима видел _________.	мы
8) Я не думаю _________.	то
9) Он всегда верит _________.	я
10) Подруга научила _________ этому.	она

3. 오른쪽에 주어진 각 표현들을 올바른 형태로 고쳐 문장을 완성해보세요.

1) Она подарила книгу ________________.	старший брат
2) Секретарь сообщил директору ______________________________.	последняя информация
3) Он давно изучает ___________________.	современная живопись
4) Сколько лет ________________________?	младшая сестра
5) Они советовались об этом __________.	опытный человек
6) Друг увлекается ____________________.	иностранные языки
7) У нас нет __________________________.	свободное время
8) Она любит __________________________.	высокий молодой человек
9) Он интересуется ____________________.	старые фильмы
10) Я желаю вам _______________________.	крепкое здоровье

4. 주어진 표현들을 올바른 형태로 고쳐 문장을 완성해보세요.

1) Он любит ___________________________. Ты познакомился _____________________. Олег написал ________________________.	эта красивая девушка
2) Мы поздравили ______________________. Она подарила книгу __________________. Я встретился ________________________.	наш добрый учитель

3) Мне нравится ______________________. Я слушал ______________________. Мы говорили ______________________.	та современная песня
4) Я интересовался ______________________. Он купил ______________________. Они разговаривали ______________________.	этот иностранный фильм
5) Вы прочитали ______________________? На столе лежало ______________________. Они спорили ______________________.	его длинное письмо
6) Друзья были ______________________. Я сфотографировал ______________________. Я ездил ______________________.	это синее море
7) Сколько лет ______________________? Я встретил ______________________. Он играл ______________________.	твои маленькие дети
8) К нам пришли ______________________. Это комната ______________________. Мы пригласили ______________________.	наши новые студенты

ПЕРЕВОД

미하일 아파나시예비치 불가꼬프

러시아의 작가이자 극작가인 미하일 불가꼬프는 끼예프에 있는 끼예프 신학 아카데미의 교수인 А.И. 불가꼬프의 가정에서 1891년 5월 3일에 태어났다. 가정에는 7명의 아이가 있었다.

미하일 불가꼬프는 1909년에 김나지움을 졸업하고 끼예프 대학교의 의과학부에 입학했다. 의사라는 직업을 선택하게 된 것은 어머니의 두 명의 형제들이 의사였고 돈을 많이 벌었다는 것으로 설명될 수 있을 것이다. 대학에서 불가꼬프는 7년간 공부했다.

1913년에 М. 불가꼬프는 따찌야나 라빠와 결혼했다. 재정적인 어려움은 결혼식 날에서 이미 시작되었다.

1차 세계대전이 발발한 이후 М. 불가꼬프는 몇 달 동안 전방에서 의사로 일했다. 시민전쟁이 있는 동안, 1919년 2월에 М. 불가꼬프는 군의관으로 군부대에 징집되었다.

1921년 9월 말에 М.А. 불가꼬프는 모스크바로 이사를 와서 수도지역의 신문과 잡지들에서 일하기 시작했다. 이 시기에 또한 그는 베를린에서 발행되었던 신문 "전야제"지에 자신의 몇몇 작품들을 발표했다. 1923년에 불가꼬프는 전러시아 작가연합에 가입했다.

1924년에 그는 최근 외국에서 돌아온 류보프 예브게니예브나 벨로제르스까야와 알게 되었는데, 그녀는 1925년에 그의 두 번째 부인이 되었다.

1926년 10월부터 모스크바 예술 아카데미 극장(МХАТ)에서 희곡 "투르빈가의 나날"이 대성공을 거두었다. 희곡은 И. 스탈린에게 매우 마음에 들어, 그는 14번 이상이나 관람하였다. 하지만 자신의 연설에서 И. 스탈린은 "투르빈가의 나날"은 반소비에트적인 허구이며, 불가꼬프도 우리와 같지 않다"고 말했다. 소련 언론에서는 М.А. 불가꼬프의 작품을 혹독하게 비판했다.

1928년에 М.А. 불가꼬프는 아내와 함께 까프까즈로 갔다. 여기서 그에게 후에 "거장과 마르가리따"라고 불린 소설의 아이디어가 생겼다.

1929년에 불가꼬프는 옐레나 세르게예브나 쉴로프스까야와 알게 되었는데, 그녀는 1932년에 그의 세 번째이자 마지막 아내가 되었다.

1930년 즈음에 불가꼬프의 작품들은 출판이 중지되었다. 경제적인 상황이 힘들어졌다. 그는 소련(СССР: 소비에트 사회주의 공화국 연방) 정부에 편지를 썼다. 불가꼬프에게 극장들에서 일을 할 수 있도록 허락되었지만, 그에게 해외여행은 허용되지 않았다.

1939년에 M. 불가꼬프의 건강은 심하게 악화되었고, 그는 시력을 상실하게 되었다. 이 시기에 작가는 아내에게 1966년에 출판된, 즉 작가의 죽음 이후 26년이 지나서야 출판이 된 "거장과 마르가리따"의 마지막 버전을 받아 적게 하기 시작했다. 소설은 불가코프에게 세계적인 명성을 가져다주었다.

1940년 3월 10일 미하일 아파나시예비치 불가꼬프는 죽음을 맞았다. 그는 노보데비치 묘지에 묻혔다. 그의 묘에는 예전에 고골의 무덤에 놓여있었던 "골고다"라고 불린 돌이 놓여있다.

(по книге Б.В. Соколова "Михаил Булгаков")

2 Урок

전치사와 격의 활용

Ма́йя Миха́йловна Плисе́цкая

ПОЧИТАЕМ

Ма́йя Миха́йловна Плисе́цкая

Ма́йя Миха́йловна Плисе́цкая — росси́йская балери́на, изве́стная во всём ми́ре. Ма́йя Плисе́цкая родила́сь 20 ноября́ 1925 го́да, в Москве́. Дя́дя и тётя Плисе́цкой, Сулами́фь и Аса́ф Мессе́реры, бы́ли профессиона́льными танцо́вщиками. В 1930-1940-е го́ды они́ танцева́ли в Большо́м теа́тре. Наве́рное, от них у ма́ленькой Ма́йи появи́лась страсть к та́нцу.

Де́тство балери́ны части́чно прошло́ на Шпицбе́ргене, куда́ оте́ц Ма́йи был назна́чен генера́льным ко́нсулом. В 1937 году́ оте́ц и мать Плисе́цкой бы́ли репресси́рованы. Пото́м оте́ц был расстре́лян, а мать отпра́влена в ла́герь. Де́вочку воспи́тывала тётя С. Мессе́рер, кото́рая привела́ её в Хореографи́ческое учи́лище. По́сле его́ оконча́ния в 1943 году́ Анна Миха́йловна была́ при́нята в Большо́й теа́тр и о́чень бы́стро ста́ла его́ веду́щей балери́ной.

В 1945 году́ Ма́йя Плисе́цкая ста́ла пе́рвой исполни́тельницей па́ртии фе́и Осени ("Зо́лушка" Проко́фьева).

Ма́йя Плисе́цкая — универса́льная балери́на, облада́ющая индивидуа́льностью. Ей бы́ли подвла́стны любы́е па́ртии.

У Плисе́цкой исключи́тельные да́нные: большо́й шаг, си́льный и высо́кий прыжо́к, необыкнове́нно ги́бкие ру́ки, краси́вая дли́нная ше́я. Она́ всегда́ стара́лась переда́ть вну́тренний о́браз герои́ни.

М. Плисе́цкая, явля́ясь многогра́нной тво́рческой ли́чностью, про́бовала себя́ и в други́х ви́дах иску́сства. Она́ снятла́сь как драмати́ческая актри́са в худо́жественных фи́льмах "Чайко́вский" (1970) и "Анна Каре́нина" (1975), созда́в я́ркие запомина́ющиеся о́бразы. Её хореографи́ческие рабо́ты запечатлены́ на плёнку в таки́х фи́льма-бале́тах, как "Лебеди́ное о́зеро" (1957), "Карме́н-сюи́та" (1978), "Да́ма с соба́чкой" (1986) и други́е.

По документа́льным фи́льмам, телевизио́нным переда́чам, репорта́жам, фотоальбо́мам Ма́йя Плисе́цкая неизме́нно вы́глядит о́чень успе́шной, с побе́дной улы́бкой, с торжество́м в сия́ющих глаза́х, утопа́ющей в мо́ре цвето́в. Одна́ко в её жи́зни бы́ло нема́ло испыта́ний: в де́тстве — аре́ст роди́телей, вы́нужденное сиро́тство; поздне́е — постоя́нный контро́ль за её жи́знью, до́лгий запре́т на вы́езд за грани́цу.

Плисе́цкую всегда́ отлича́ло бесстра́шие. В са́мых сло́жных тво́рческих и жи́зненных ситуа́циях Ма́йя Миха́йловна рискова́ла. Му́жественно она́ сохрани́ла со́бственную независи́мость. В 1988 году́ Плисе́цкая вы́нужденно ушла́ из родно́го Большо́го теа́тра, где балери́на прорабо́тала почти́ всю жизнь. Неповтори́мость вели́кой балери́ны прояви́лась и в её кни́ге воспомина́ний "Я, Ма́йя Плисе́цкая"(1994). Эту кни́гу она́ посвяти́ла своему́ му́жу, выда́ющемуся компози́тору Р. К. Щедрину́. Специа́льно для жены́ он написа́л бале́ты "Анна Каре́нина", "Ча́йка", "Да́ма с соба́чкой".

С 1994 го́да в Санкт-Петербу́рге прово́дится междунаро́дный ко́нкурс бале́та под назва́нием "Ма́йя".

(по книге Н.Рославлевой "Майя Плисецкая")

СЛОВА И ВЫРАЖЕНИЯ

балери́на	발레리나	подвла́стный	예속된, 종속하는
профессиона́льный	직업의, 전문의	исключи́тельный	예외적인, 특별한
танцовщи́к	무용수	да́нные	특성, 속성, 성질
страсть	열정, 열성, 애정	прыжо́к	도약, 비약, 점프
части́чно	부분적으로	ги́бкий	유연한, 부드러운
назна́чить	정하다, 임명하다	стара́ться	애쓰다, 노력하다
репресси́ровать	탄압하다	переда́ть	전달, 표현하다
расстреля́ть	총살하다	герои́ня	여주인공
отпра́вить	보내다	многогра́нный	다방면에 걸친
ла́герь	수용소, 감옥	про́бовать	시도, 시험하다
воспи́тывать	교육, 양육하다	иску́сство	예술
веду́щий	선도자, 주도자	сня́ться	촬영하다, 찍다
приня́ть	받아들이다	драмати́ческий	연극의, 희극의
исполни́тельница	수행자, 연기자	запомина́ющийся	오랫동안 선명하게 기억에 남는
па́ртия(=роль)	역할	о́браз	형상, 이미지
фе́я	요정, 미녀	запечатле́ть	분명히 표현하다
универса́льный	만능의, 다방면의	плёнка	필름
индивидуа́льность	개성	торжество́	기쁨, 환희

во всём ми́ре	전 세계에서
генера́льный ко́нсул	총영사
Хореографи́ческое учи́лище	발레학교
вну́тренний о́браз	내적 형상(내부 이미지)
Р. К. Щедри́н	쉐드린(러시아 작곡가)
Большо́й теа́тр	볼쇼이 극장
Зо́лушка	신데렐라(동화의 주인공)
Анна Каре́нина	안나 까레리나(톨스토이의 장편소설)
Лебеди́ное о́зеро	백조의 호수
Да́ма с соба́чкой	개를 데리고 다니는 여인(체호프 소설)
Карме́н-сюи́та	카르멘 스위트(영화이름)

Вопросы к тексту

А. Ответьте на вопросы.

1. Как называется текст?
2. О ком рассказывается в тексте?
3. Чем известна Майя Плисецкая?
4. Когда и где родилась балерина?
5. Расскажите о её семье.
6. Как Майя оказалась в Хореографическом училище?
7. Когда она была принята в Большой театр?
8. В каких балетах танцевала Плисецкая?
9. В чем неповторимость Майи Плисецкой?
10. Расскажите об одном известном человеке. Почему вы его цените?

Б. Сделайте письменный пересказ текста.

В. Переведите текст на корейский язык.

ГРАМАКТИКА

이 장에서는 전치사와 결합한 격의 활용과 의미를 살펴본다.

◉ 전치사와 격

격	전치사
생격	у(곁에), о́коло(주위에), ми́мо(옆을, 곁을 지나서), вокру́г(주위에), среди́(가운데), посреди́(가운데), близ(가까이에), про́тив(마주대하여), из(~안에서부터), с(~의 표면으로 부터), от(~에서부터), из-за(~로 인해: 부정적인 원인), до(전에), по́сле(후에), среди́(사이에), накану́не(전날에)
여격	к(~에게, ~쪽으로, ~에 대한), по(~을 따라, ~마다, ~에 의거하여), благодаря́(덕분에: 긍정적인 원인)
대격	в(~로, ~에), на(~로, 예정으로), за(너머로, ~동안), под(아래로), сквозь(통과하여), че́рез(지나서)
조격	над(~위에), под(~아래에), пе́ред(~앞에), за(~뒤에), ме́жду(~사이에), с(~와 함께)
전치격	о(~에 대하여), в(~에, ~안에), на(~에, ~위에), при(~때에, ~에서)

생격을 지배하는 전치사

1. 전치사 **от**

① 행위의 기점이 되는 사람이나 사물을 나타낸다.

· **Я** ча́сто получа́ю пи́сьма **от** ма́мы. 나는 엄마로부터 자주 편지들을 받는다.

② 행위의 자질이나 원인을 나타낸다.

· **Де́ти** смею́тся **от** ра́дости. 아이들은 기뻐서 웃고 있다.

③ 서류나 편지 등의 날짜를 나타낸다.

· **Письмо́ от** второ́го ма́рта. 3월 2일자 편지

④ 전치사 до와 함께 거리를 나타낸다.

· **От** Санкт-Петербу́рга **до** Москвы́ 650 киломе́тров.
상뜨 뻬쩨르부르그에서 모스크바까지는 650 킬로미터이다.

⑤ 일부 동사들은 뒤에 전치사 **от**를 사용한다.

불완료상	완료상		의미
отка́зывать	отказа́ть	**от**	거절하다
защища́ть	защити́ть		방어하다
освобожда́ть(ся)	освободи́ть(ся)		해방시키다(해방되다)
отлича́ться	отличи́ться		~의 차이가 있다
зави́сеть			~에 의하다

2. 전치사 **до**

① 행위 또는 운동의 한계가 되는 장소를 나타낸다.
· Мы шли пешко́м **до** музе́я. 우리는 박물관까지 걸어서 갔다.

② 행위의 한계가 되는 시간을 나타낸다.
· Ле́кции бу́дут **до** трёх часо́в. 강의는 3시까지 있을 것이다.

3. 전치사 **с**

① 행위의 시작 시간을 나타낸다.
· Заня́тие начина́ется **с** понеде́льника. 수업은 월요일부터 시작된다.

② 운동 방향을 나타낸다.
· Брат верну́лся **с** рабо́ты. 형은 직장에서 돌아왔다.

③ 전치사 **до**와 함께 시간의 양을 나타낸다.
· Билиоте́ка рабо́тает **с** 9 утра́ **до** 11 ве́чера.
도서관은 아침 9시부터 저녁 11시간까지 일한다.

4. 전치사 **из**

① 행위 또는 운동의 방향을 나타낸다.
· Я прие́хал **из** Коре́и. 나는 한국에서 왔다.

② 정보의 출처, 사물이나 사람의 기원을 나타낸다.
· Этот челове́к **из** крестья́нской семьи́. 이 사람은 농민 집안 출신이다.

③ 물건의 재료를 나타낸다.

· Это пла́тье **из** ше́рсти. 이것은 모직 외투이다.

④ 분리되어 나오기 전의 전체를 나타낸다.

· Мно́гие **из** студе́нтов на́шей ка́федры уча́ствовали в конфере́нции.
우리 학과의 많은 학생들이 학회에 참석했다.

5. 전치사 **у**

① 사람이나 사물의 소유를 나타낸다.

· **У** меня́ есть рома́н "Война́ и мир". 나는 "전쟁과 평화" 소설책을 가지고 있다.

② 가까이에 있는 사물이나 사람을 나타낸다.

· Он сиди́т **у** окна́. 그는 창문가에 앉아 있다.

6. 전치사 **без**

① 사람이나 사물의 부재, 행위의 부재를 나타낸다.

· **Я** пью ко́фе **без** са́хара. 나는 설탕을 넣지 않고 커피를 마신다.

· Она́ говори́т по-ру́сски **без** оши́бок. 그녀는 실수 없이 러시아어로 말한다.

② 시간을 나타낸다.

· Сейча́с **без** десяти́ пять. 지금 5시 10분전이다.

7. 전치사 **для**

① 사람이나 사물의 이익이 되는 행위를 나타낸다.

· **Я** купи́ла пода́рок **для** роди́телей. 나는 부모님을 위해 선물을 샀다.

② 사물의 용도를 나타낸다.

· Это ба́нка **для** дже́ма. 이것은 잼을 위한 병이다.

8. 전치사 **кро́ме**

① 사람이나 사물의 배재를 나타낸다.

· До́ма никого́ не́ было **кро́ме** ма́тери. 집에는 어머니 외에 아무도 없었다.

② 사람이나 사물의 부가의 의미를 나타낸다.

· **Кро́ме** уче́бников мы купи́ли слова́рь. 교과서외에도 우리는 사전을 샀다.

여격을 지배하는 전치사

1. 전치사 **к**

① 다른 사람이나 사물에 접근을 나타낸다.

· Студе́нт подошёл **к** доске́. 학생은 칠판으로 다가갔다.

② 시간을 나타낸다.

· **Я** верну́лась домо́й **к** ве́черу. 나는 저녁 무렵에 집에 돌아왔다.

③ 일부 동사들 뒤에 전치사 **к**를 사용한다.

불완료상	완료상		의미
гото́виться	подгото́виться	**к**	준비하다
обраща́ться	обрати́ться		향하다
привыка́ть	привы́кнуть		익숙해지다
относи́ться			~한 태도를 취하다
стреми́ться			지향하다

· Он всегда́ хорошо́ гото́вится **к** экза́мену. 그는 항상 시험 준비를 잘한다.

④ 감정이나 관계를 표시하는 명사 뒤에 전치사 к가 많이 쓰인다.

동사 + 명사		명사 + **к** 여격	
интересова́ться му́зыкой	음악에 관심을 가지다	интере́с **к** му́зыке	음악에 대한 관심
люби́ть ро́дину	조국을 사랑하다	любо́вь **к** ро́дине	조국에 대한 사랑
уважа́ть учи́теля	선생님을 존경하다	уваже́ние **к** учи́телю	선생님에 대한 존경
доверя́ть лю́дям	사람들을 신뢰하다	дове́рие **к** лю́дям	사람들에 대한 신뢰

⑤ 일부 형용사 뒤에 전치사 **к**를 사용한다.

гото́вый	**к**	준비된	спосо́бный	**к**	재능이 있는
привы́чный		익숙해진	до́брый		선량한

2. 전치사 **по**

① 표면의 운동을 나타낸다.

· Мы гуля́ли **по** бе́регу реки́. 우리는 강가를 따라 산책했다.

② 여러 장소 혹은 여러 방향을 나타낸다(복수 여격으로 사용).

· Мы ходи́ли **по** всем за́лам музе́я. 우리는 박물관의 모든 방을 돌아다녔다.

③ 일정하게 반복되는 시간을 나타낸다(복수 여격으로 사용).

· **По** воскресе́ньям я хожу́ в це́рковь. 일요일마다 나는 교회에 간다.

④ 학과목, 전공, 전문분야를 나타낸다.

· Он специали́ст **по** ру́сскому языку́. 그는 러시아어 전문가이다.

⑤ '~에 따라서, ~에 근거하여, ~에 일치하여'의 의미로 쓰인다.

· **Я** занима́юсь **по** пла́ну. 나는 계획에 따라 공부를 한다.

⑥ 어결합을 통해 통신 수단을 나타낸다.

позвони́ть	**по** телефо́ну	전화로 전화하다
говори́ть	**по** телефо́ну	전화로 말하다
слу́шать	**по** ра́дио	라디오로 듣다
выступа́ть	**по** ра́дио	라디오에 출연하다
посла́ть	письмо́ **по** по́чте	우편으로 편지를 보내다

· Мой люби́мый актёр выступа́л **по** ра́дио.
내가 좋아하는 배우가 라디오에 출연했었다.

3. 전치사 **благодаря́**(덕분에: 긍정적인 원인)

· **Я** хорошо́ зако́нчил рабо́ту **благодаря́** по́мощи друзе́й.
친구들 도움 덕택에 나는 일을 잘 끝냈다.

대격을 지배하는 전치사

1. 전치사 **че́рез**(지나서)

① 사물의 한 쪽에서 다른 쪽으로의 이동을 나타낸다.

· Друг перехо́дит **че́рез** у́лицу. 친구는 길을 건너오고 있다.

② 시간의 경과를 나타낸다.

· **Чéрез** 10 минýт начнётся заня́тие. 10분후에 수업이 시작될 것이다.

③ 사람이나 사물의 도움을 나타낸다.

· Он передáл мне кни́гу **чéрез** сестрý. 그는 책을 언니를 통해 전해줬다.

2. 전치사 **за**

① '~너머로, ~뒤로'의 의미로 장소를 나타낸다.

· Автóбус повернýл **за** ýгол. 버스가 모퉁이를 돌았다.

② 행위가 수행되는 시간을 나타낸다. 이때 완료상 동사와 함께 쓰인다.

· **Я** прочитáла э́тот ромáн **за** недéлю. 나는 이 소설을 일주일동안 다 읽었다.

③ 행위가 일어나기 전 선행되는 시간을 나타낸다.

· Он приéхал **за** минýту до начáла заня́тий. 그는 수업 시작하기 1분전에 도착했다.

④ 일부 동사들과 결합하여 찬성, 지지, 이익 등을 나타낸다.

благодари́ть	**за** пóмощь	도움에 감사하다
награждáть	**за** отли́чную учёбу	우수한 성적에 상을 주다
хвали́ть	**за** хорóший отвéт	훌륭한 대답을 칭찬하다
накáзывать	**за** плохóе поведéние	나쁜 행실에 벌하다
борóться	**за** мир	평화를 위해 싸우다
стоя́ть	**за** мир	평화를 지지하다
выступáть	**за** предложéние	제안을 지지하다

· **Я** поблагодари́л друзéй **за** пóмощь. 나는 도움을 준 것에 대해 친구들에게 감사했다.

3. 전치사 **в**

① 운동 방향을 나타낸다.

· Сейчáс я идý **в** университéт. 지금 나는 학교로 간다.

② 요일, 시간을 나타낸다.

· Собрáние бýдет **в** срéду. 모임은 수요일에 열릴 것이다.

③ 행위가 수행되는 시간을 나타낸다. 이때 완료상 동사와 함께 쓰인다.

· **Я** реши́л задáния **в** 1 час. 나는 과제를 1시간동안에 다 풀었다.

4. 전치사 **на**

① 운동 방향을 나타낸다.

· Ве́чером я пое́ду **на** конце́рт. 저녁에 나는 음악회에 갈 것이다.

② 행위가 일어날 예정 시간을 나타낸다. 이때 완료상 동사와 함께 쓰인다.

· Он уе́хал в Росси́ю **на** ме́сяц. 그는 한 달 예정으로 러시아에 갔다.

5. 전치사 **по**

① 둘 또는 그 이상씩의 분배를 나타낸다.

· Де́ти получи́ли **по** два я́блока. 아이들은 사과를 2개씩 받았다.

② 시간의 종료를 나타낸다.

· Оте́ц получи́л о́тпуск **по** пя́тое а́вгуста. 아버지는 8월 5일까지 휴가를 받았다.

조격을 지배하는 전치사

1. 전치사 **с**

① '~와 함께' 의미로 공동 행위자를 나타낸다.

· По́сле уро́ка мы разгова́ривали **с** профе́ссором.
수업 후 우리는 교수님과 이야기를 나누었다.

② 사물의 자질을 나타낼 수 있다.

· Я хорошо́ зна́ю э́ту де́вушку **с** дли́нными волоса́ми.
나는 긴 머리를 가진 이 아가씨를 잘 안다.

③ 행위의 양상을 나타낸다.

· Зри́тели смотре́ли фильм **с** больши́м интере́сом.
관객들은 큰 관심을 가지고 영화를 봤다.

2. 전치사 **за**

① '~너머에, ~근교에' 등의 의미로 장소를 나타낸다.

· В де́тстве мы жи́ли **за́** городом. 어린 시절에 우리는 시골에서 살았다.

② 운동동사와 함께 사용하여 동사의 목적을 나타낸다.

· Брат пое́хал на вокза́л **за** биле́тами. 형은 표를 사기위해 역으로 갔다.

③ 시간을 나타낸다.

· **За** обе́дом мы слу́шаем му́зыку. 식사하는 중에 우리는 음악을 듣는다.

전치격을 지배하는 전치사

1. 전치사 **о**

말하거나 사고하는 대상에 대해 나타낸다. 그리하여 이러한 행위와 관련된 동사들과 주로 함께 쓰인다.

· Он рассказа́л **о** свое́й пое́здке. 그는 자신의 여행에 대해 이야기해주었다.

· Друзья́ спо́рили **о** но́вом фи́льме. 친구들은 새 영화에 대해 논쟁했다.

2. 전치사 **при**

① 시간, 시대, 역사적인 시기를 나타낸다.

· **При** Петре́ Ⅰ Росси́я ста́ла си́льным госуда́рством.
뾰뜨르 1세때 러시아는 강대한 국가였다.

· **При** перево́де э́того те́кста мы по́льзовались словарём.
이 본문을 해석할 때 우리는 사전을 이용했다.

② 조건의 의미를 나타낸다.

· **При** жела́нии ты мо́жешь хорошо́ рабо́тать.
원한다면 너는 공부를 잘 할 수 있다.

3. 전치사 **в**

① 행위나 상황이 일어나는 장소를 나타낸다.

· Мой брат у́чится **в** Москве́. 나의 형은 모스크바에서 공부한다.

② 월, 년, 세기 등의 시간을 나타낸다.

· Я прие́хала сюда́ **в** 2001 году. 나는 여기에 2001년도에 왔다.

③ 삶의 시기를 나타낸다.

· **В** де́тстве я хоте́л стать врачо́м. 어린 시절에 나는 의사가 되고 싶었다.

④ 어결합을 통해 **в нача́ле**(초순에), **в середи́не**(중순에), **в конце́**(하순에) 등의 시간을 나타낸다.

· Се́ссия бу́дет **в конце́** семе́стра. 시험은 학기말에 있을 것이다.

⑤ 의복을 입은 상태를 나타낸다.

· Сего́дня сестра́ была́ **в** но́вом пла́тье. 오늘 언니는 새 옷을 입었다.

3. 전치사 **на**

① 행위나 상황이 일어나는 장소를 나타낸다.

· По́сле уро́ка мы встре́тились **на** собра́нии. 수업 후에 우리는 모임에서 만났다.

② 운동동사와 함께 결합하여 교통이동수단을 나타낸다.

· Я е́ду домо́й **на** авто́бусе. 나는 버스를 타고 집으로 가고 있다.

③ 시간을 나타낸다.

· **На** э́той неде́ле мы пойдём в музе́й. 이번 주에 우리는 박물관에 갈 것이다.

ЗАДАНИЯ

1. 주어진 표현들을 올바른 형태로 고쳐 문장을 완성해보세요.

1)	Он пришёл к ________________. Дима заехал за ________________. Саша взял книгу у ________________.	близкий друг
2)	Мы поздравили маму с ________________. Она прилетел к нам перед ________________. Я встретился с ним за день до ________________.	новый год
3)	Я часто вижу эту актрису в ________________. Мы говорили о ________________. У ________________ много проблем.	современное кино

4) Я стоял перед ______________________. Он вошёл в ______________________. Они проехали мимо ______________________.	городская аптека
5) Вы были на ______________________? Я часто думаю о ______________________. Они уехали с ______________________.	Чёрное море
6) Я познакомил его с ______________________. Он заехал к ______________________. Я был без ______________________.	наши студенты

2. 주어진 표현들을 활용해 문장을 완성하고 해석해보세요.

1) Он остановился перед ______________.	продуктовый магазин
2) Машина проехала мимо ______________.	городской парк
3) Он приехал на ______________.	новогодний концерт
4) Иван живёт у ______________?	младший брат
5) Они советовались с ______________.	опытные люди
6) Марина часто говорит про ______________.	своя семья
7) Мы живём в ______________.	Южная Корея
8) Света была на ______________.	Северный Кавказ
9) Он встал с ______________.	удобный стул
10) Я вышла из ______________.	большая комната

3. 주어진 표현들을 활용해 문장을 완성하고 전치사의 활용 의미를 설명해보세요.

1) Нина ждала меня около ________________.	два час
2) Я написал рассказ за ____________________.	один месяц
3) Мы ушли через _________________________.	десять минут
4) Мы встретились в ______________________?	пятница
5) Они уехали в Москву в __________________.	суббота
6) Он написал роман за ____________________.	год
7) Это было письмо от _____________________.	пятое апреля
8) Он проспал до ___________________________.	вечер
9) Даша работает до ________________________.	четверг
10) Брат пришёл домой к ___________________.	утро

4. 주어진 표현들을 올바른 형태로 고쳐 문장을 완성해보세요.

1) Мы говорили ____________________________.	русская литература
2) Она поздравила нас ______________________.	Рождество
3) Она доехала _____________________________.	московский вокзал
4) Мы закончили тему _______________________?	вторник
5) Катя встречалась ________________________.	этот молодой человек

6) Он перешёл ______________________________.	широкая улица
7) Новая машина подъехала _______________.	наш дом
8) ______________________ был большой парк.	детский сад
9) ______________________ много разных книг.	моя сестра
10) Я отдыхал ______________________________.	дальние родственники

ПЕРЕВОД

마이야 미하일로브나 블리세츠까야

마이야 미하일로브나 블리세츠까야는 전 세계적으로 유명한 러시아 발레리나이다. 마이야 블리세츠까야는 1925년 11월 20일에 모스크바에서 태어났다. 블리세츠까야의 삼촌과 숙모인 술라미피와 아사프 메세레르는 전문 무용수들이었다. 1930년-1940년대에 그들은 볼쇼이 극장에서 무용을 했었다. 아마도 그들로부터 어린 마이야에게는 무용에 대한 열망이 생겼을 것이다.

발레리나의 어린 시절 일부는 마이야의 아버지가 총영사관으로 임명을 받았던 쉴리츠베르겐에서 보냈다. 1937년에 블리세츠까야의 아버지와 어머니는 탄압을 받았다. 그 뒤 아버지는 총살형에 처해졌고, 어머니는 수용소로 보내졌다. 숙모 С. 메세레르가 소녀를 양육하게 되었고 그녀를 무용학교에 보냈다. 학교를 졸업한 후 1943년에 안나 미하일로브나는 볼쇼이 극장에 들어가게 되었고 매우 빠르게 그곳의 수석 발레리나가 되었다.

1945년에 마이야 블리세츠까야는 가을 미녀 역할의 첫 번째 연기자가 되었다(쁘로꼬피예프의 “신데렐라”). 마이야 블리세츠까야는 개성을 가진 만능 발레리나이다. 그녀는 모든 역들을 소화해냈다.

블리세츠까야는 뛰어난 특징들을 가지고 있었다: 큰 보폭, 강력하고 높은 점프, 보기

드물게 유연한 손, 아름다운 긴 목이다. 그녀는 항상 주인공의 내적 형상을 표현하기 위해 노력했다.

다방면에서 창조적인 사람인 M. 블리세츠까야는 예술의 다른 형태들에서도 자신을 시험해보았다. 그녀는 선명하게 기억에 남는 형상들을 만든 예술 영화 "차이꼬프스끼"(1970)와 "안나 까레리나"(1975)에 희극 배우로 출연했었다. 그녀의 안무 작품들은 "백조의 호수"(1957), "카르멘 스위트"(1978), "개를 데리고 다니는 여인"(1986) 및 다른 이와 같은 발레 영화들에서 영화로 표현되었다.

다큐멘터리, TV 프로그램, 비디오, 사진 앨범마다 승리의 미소를 띠고 꽃의 세계에 몰입하게 만드는 의기양양한 빛나는 눈을 한 마이야 블리세츠까야는 항상 매우 성공한 것처럼 보인다. 하지만 그녀의 삶에는 적지 않은 시련이 있었다. 즉, 어린 시절에는 부모님들의 체포, 강제로 보내진 고아원 생활, 그 뒤에는 그녀의 생애 동안 지속적인 감시와 해외여행으로의 오랜 금지가 있었다.

대담성이 블리세츠까야를 항상 차별화해주었다. 가장 어려운 창조적이고 삶의 상황들에서 마이야 미하일로브나는 모험을 해야 했다. 용감하게 그녀는 자신의 독립성을 유지했다. 1988년에 블리세츠까야는 발레리나로서 거의 전 생애를 보낸 고향 볼쇼이 극장에서 강제적으로 떠나야 했다. 위대한 발레리나의 고유성은 그녀의 회고록 "나, 마이야 미하일로브나"(1994)에서도 나타났다. 이 책을 그녀는 자신의 남편인 뛰어난 작곡가 Р.К. 쉐드린에게 바쳤다. 아내를 위해 특별히 그는 발레 "안나 까레리나", "갈매기", "개를 데리고 다니는 여인"을 썼다.

1994년부터 상뜨 뻬쩨르부르그에서 "마이야"이름의 국제 발레 콩쿨이 개최되고 있다.

(по книге Н.Рославлевой "Майя Плисецкая")

3 Урок

접두사 없는 운동 동사

Орфе́й и Эвриди́ка

ПОЧИТАЕМ

Орфе́й и Эвриди́ка

На се́вере Гре́ции жил певе́ц Орфе́й. Сла́ва о нём шла по всей земле́. За пе́сни его полюби́ла краса́вица Эвриди́ка и ста́ла его́ жено́й. Одна́жды Орфе́й и Эвриди́ка гуля́ли в лесу́. Орфе́й пел, а Эвриди́ка собира́ла цветы́. Вдруг ей показа́лось, что кто-то го́нится за ней. Она́ испуга́лась и побежа́ла наза́д, к Орфе́ю. Бежа́ла она́ по густо́й траве́, нечаянно наступи́ла на змеи́ное гнездо́, и змея́ ужа́лила её. Гро́мко закрича́ла Эвриди́ка и упа́ла на тра́ву. Орфе́й услы́шал крик жены́ и поспеши́л к ней. Но увиде́л он то́лько больши́е чёрные кры́лья – это Смерть уноси́ла Эвриди́ку в подзе́мное ца́рство.

Велико́ бы́ло го́ре Орфе́я: "Нет, не могу́ я жить без Эвриди́ки! – говори́л он. – Пусть и меня возьмёт Смерть!"

Но Смерть не приходи́ла. Орфе́й сам реши́л отпра́виться в ца́рство мёртвых. В глубо́кой пеще́ре нашёл он подзе́мную ре́ку Стикс. За этой реко́й начина́лось ца́рство мёртвых. Стал Орфе́й ждать перево́зчика мёртвых Харо́на: "Перевези́ меня́ на тот бе́рег!"

Но Харо́н отказа́лся: "То́лько мёртвых я перевожу́ на тот бе́рег. Когда́ ты умрёшь, я прие́ду за тобо́й".

– Прошу́ тебя́! – моли́л Орфе́й. – Я не хочу́ бо́льше жить! Я хочу́ уви́деть мою́ Эвриди́ку!

Но Харо́н оттолкну́л его. Тогда́ Орфе́й заигра́л и запе́л. Останови́лись холо́дные во́ды Сти́кса. Певе́ц вошёл в ло́дку, и Харо́н повёз его́ на друго́й бе́рег. Сме́ло шёл Орфе́й по безмо́лвному ца́рству мёртвых. Так дошёл он до дворца́ Аи́да – повели́теля подзе́много ца́рства и вступи́л в мра́чный зал. Певе́ц прибли́зился к тро́ну и запе́л ещё прекра́снее:

он пел о любви́ к Эвриди́ке.

Орфе́й сказа́л Аи́ду:

– Верни́ мне мою́ Эвриди́ку! Она́ ещё так ма́ло жила́ на земле́, так недо́лго люби́ла. Отпусти́ её на зе́млю! Дай ей ещё немно́го пожи́ть на све́те.

– Пусть бу́дет так, как ты про́сишь! – сказа́л Аи́д Орфе́ю. – Ты мо́жешь увести́ её с собо́й наве́рх. Но при одно́м усло́вии: ты не до́лжен ви́деть её, пока не вы́йдешь на свет. Возвраща́йся на зе́млю и зна́й: сле́дом за тобо́й бу́дет идти́ Эвриди́ка. Огля́нешься – потеря́ешь ее наве́ки.

Бы́стро напра́вился Орфе́й к вы́ходу из ца́рства мёртвых, и тень Эвриди́ки шла за ним. Они вошли́ в ло́дку Харо́на, и он повёз их обра́тно к бе́регу жи́зни. Темно́ и ти́хо бы́ло вокру́г, и ти́хо бы́ло за спино́й у Орфе́я, сло́вно никто́ не шёл за ним. То́лько се́рдце его́ стуча́ло: "Эвриди́ка! Эвриди́ка!" Забы́в всё на све́те, Орфе́й останови́лся и огляну́лся. На мгнове́нье, совсе́м бли́зко, уви́дел он ми́лую тень, доро́гое, прекра́сное лицо́. Но то́тчас отлете́ла тень Эвриди́ки.

С отча́янным кри́ком бро́сился Орфе́й наза́д, на бе́рег тёмно́го Сти́кса и стал звать перево́зчика. Но напра́сно. Пришло́сь ему́ верну́ться на землю́ и жить да́льше. Но он не мог забы́ть свою́ Эвриди́ку, па́мять о ней жила́ в его́ се́рдце и пе́снях.

(из античной литературы)

СЛОВА И ВЫРАЖЕНИЯ

Гре́ция	그리스	смерть	죽음
сла́ва	영광, 영예, 명예	кры́лья(крыло́)	날개(복)
краса́вица	미인, 미녀	уноси́ть	가져가다
тень	그늘, 음영, 그림자	го́ре	슬픔, 비탄
собира́ть	모으다, 준비시키다	отпра́виться	출발하다, 향하다
показа́ться	보이다, 생각되다	пеще́ра	동굴, 굴
гна́ться	뒤쫓다, 추적하다	перево́зчик	나룻배 사공
испуга́ться	깜작 놀라다	бе́рег	(강. 늪 따위의)가
побежа́ть	달리다	отказа́ться	거절, 거부하다
густо́й	짙은, 무성한	оттолкну́ть	밀어 젖히다
трава́	풀	безмо́лвный	조용한, 침묵하는
неча́янно	우연히, 고의가 아닌	мра́чный	음울한, 적적한
наступи́ть	밟다	отча́янный	필사적인
змеи́ный	뱀의	прибли́зиться	접근하다, 다가오다
гнездо́	보금자리, 둥지	трон	왕위, 왕좌
ужа́лить	(뱀 등이) 물다	отпусти́ть	해방하다, 놓아주다
упа́сть	떨어지다, 내리다	увести́	끌어가다, 데려가다
поспеши́ть	서두르다	огляну́ться	자기 주위를 돌아보다

подзе́мное ца́рство	지하 왕국
ца́рство мёртвых	죽은 자들의 왕국
Харо́н	카론
Аи́д	하데스(그리스 신화에서 죽음을 관장하고 지하세계를 다스리는 신)
Орфе́й	오르페우스(그리스 신화에 나오는 시인, 음악가)
Эвриди́ка	에우리디케(오르페우스의 아내)
с отча́янным кри́ком	절망적인 외침으로
Па́мять жила́ в его се́рдце.	기억은 그의 마음속에 살았다.
ходи́ть сле́дом за кем	미행하다
на мгнове́нье	순식간에

Вопросы к тексту

А. Ответьте на вопросы.

1. Как называется текст?
2. О чём рассказывается в тексте?
3. Что вы узнали об Орфее?
4. Почему умерла Эвридика?
5. Почему Орфей пошёл в царство мёртвых?
6. Почему Харон не хотел перевезти Орфея через реку Стикс?
7. О чем Орфей попросил Аида?
8. Почему Орфей оглянулся назад?
9. Почему Эвридика навсегда осталась в царстве мёртвых?
10. Расскажите, что вы думаете о любви.

Б. Сделайте письменный пересказ текста.

В. Переведите текст на корейский язык.

ГРАМАКТИКА

운동동사는 다른 어근을 가진 불완료상 동사들의 동일한 운동 행위를 나타내는 동사들을 말한다. 여기에는 일정한 방향, 일정한 순간에 행하여지는 동작을 나타내는 동사들을 정태동사, 일정하지 않는 방향, 한 번이 아닌 여러 번 이루어지는 동작을 나타내는 동사들을 부정태동사라고 한다. 부정태 동사는 또한 동작의 행위 능력에 관해 말할 때도 사용된다.

태 / 동사	정태동사 →	부정태동사 ⇄,
(걸어서) 가다	идти́	ходи́ть
(차를 타고) 가다	е́хать	е́здить
뛰어가다	бежа́ть	бе́гать
날아가다	лете́ть	лета́ть
수영하다	плыть	пла́вать
데리고 가다	вести́	води́ть
(걸어서) 운반하다	нести́	носи́ть
(차로) 운반하다	везти́	вози́ть

단일 과정

· <u>Сейча́с</u> я **иду́(е́ду)** в университе́т. 오늘 나는 학교로 간다.

· <u>Сего́дня</u> мы **идём(е́дем)** в парк. 오늘 우리는 공원에 간다.

단일과정을 의미하는 단어와 결합: сейча́с, сего́дня, в 2 часа́

куда?

Я → в банк.

иду(еду)

복수 과정

· <u>Ка́ждый день</u> я **хожу́(е́зжу)** в университе́т. 매일 나는 학교에 다닌다.

· Они <u>всегда́</u> **хо́дят(е́здят)** в парк. 그들은 항상 공원에 다닌다.

복수과정을 의미하는 단어와 결합: ка́ждый день, всегда́, ча́сто, иногда́, ре́дко

куда?

Я ⇄ в банк.

хожу(езжу)

1) 현재 시제 변화형

① идти́-ходи́ть, е́хать-е́здить 동사

	идти́	ходи́ть	е́хать	е́здить
я	иду́	хожу́	е́ду	е́зжу
ты	идёшь	хо́дишь	е́дешь	е́здишь
он/она	идёт	хо́дит	е́дет	е́здит
мы	идём	хо́дим	е́дем	е́здим
вы	идёте	хо́дите	е́дете	е́здите
они	иду́т	хо́дят	е́дут	е́здят

② бежа́ть-бе́гать, лете́ть-лета́ть 동사

	бежа́ть	бе́гать	лете́ть	лета́ть
я	бегу́	бе́гаю	лечу́	лета́ю
ты	бежи́шь	бе́гаешь	лети́шь	лета́ешь
он/она	бежи́т	бе́гает	лети́т	лета́ет
мы	бежи́м	бе́гаем	лети́м	лета́ем
вы	бежи́те	бе́гаете	лети́те	лета́ете
они	бегу́т	бе́гают	летя́т	лета́ют

③ плыть-пла́вать, вести́-води́ть 동사

	плыть	пла́вать	вести́	води́ть
я	плыву́	пла́ваю	веду́	вожу́
ты	плывёшь	пла́ваешь	ведёшь	во́дишь
он/она	плывёт	пла́вает	ведёт	во́дит
мы	плывём	пла́ваем	ведём	во́дим
вы	плывёте	пла́ваете	ведёте	во́дите
они	плыву́т	пла́вают	веду́т	во́дят

④ нести́-носи́ть, везти́-вози́ть 동사

	нести́	носи́ть	везти́	вози́ть
я	несу́	ношу́	везу́	вожу́
ты	несёшь	но́сишь	везёшь	во́зишь
он/она	несёт	но́сит	везёт	во́зит
мы	несём	но́сим	везём	во́зим
вы	несёте	но́сите	везёте	во́зите
они	несу́т	но́сят	везу́т	во́зят

2) 과거시제형

	идти́	нести́	вести́	везти́
он	шёл	нёс	вёл	вёз
она	шла	несла́	вела́	везла́
оно	шло	несло́	вело́	везло́
они	шли	несли́	вели́	везли́

◉ 운동 동사들의 전이된 의미

운동 동사	표현	의미
идёт	дождь/снег спор/война́ кино́ вре́мя рабо́та/прове́рка	비가/눈이 내리고 있다 논쟁/전쟁이 진행중이다 영화가 상영중이다 시간이 지나간다 작업/검사중이다
носи́ть	костю́м очки́	양복을 입고 있다 안경을 쓰고 있다
вести́	себя́ перегово́ры, спор	행동하다, 처신하다 교섭, 논쟁을 불러일으키다

ЗАДАНИЯ

1. 주어진 동사 표현 중에서 올바른 형태를 골라 문장을 완성해보세요.

1) Когда он _______________ туда, светило солнце. Каждый день Дима ___________ на велосипеде. Он целый час _______________ прямо и прямо. В юности Иван _______________ за границу.	ехал-ездил

2)	Мы часто ____________________ к тебе. Рано утром мы _____________ на вокзал. Всегда мы ______________ в этот парк. Через месяц мы ______________ в горы.	идём- будем ходить
3)	Навстречу ему _______________ девушка. Раньше Света часто ____________ в парк. Женщина ______ и разговаривала по телефону. В детстве она _____________ в детский сад.	шла-ходила

2. 주어진 동사원형 중에서 올바른 형태를 골라 문장을 완성해보세요.

1)	Вам надо _____________ к врачу. Наташа любит ___________ в горы. Мы решили ____________ на концерт. Ребёнок уже хорошо может _____________.	идти-ходить
2)	Костя любит ___________ на машине. Он решил ___________ завтра в деревню. Зачем постоянно ___________ в университет? Ему нельзя ___________ так быстро.	ехать-ездить

3. идти-ходить, ехать-ездить 동사 표현들 중 올바른 형태를 골라 문장을 완성해보세요.

1) Друзья всегда ____________ в это кафе.	идти-ходить
2) Он прекрасно ____________ на велосипеде.	ехать-ездить
3) Вчера Олег ____________ на стадион.	идти-ходить
4) Дети умеют быстро ____________ на лыжах.	идти-ходить
5) Рано утром мы ____________ в отпуск.	ехать-ездить
6) Друзья, я свободен. ____________ в парк!	идти-ходить
7) Когда вчера он ____________ в лифте, зазвонил телефон.	ехать-ездить
8) Раньше отец ____________ на работу на метро.	ехать-ездить
9) Когда я __________ туда, встретил своего друга.	идти-ходить
10) Нам нравится ____________ в это место.	ехать-ездить

4. 주어진 운동동사들 중 올바른 표현을 골라 문장을 완성해보세요.

1) Я лежал на спине и видел, как ______________ облака.	плыть-плавать
2) Мы __________________ быстро и молчали.	идти-ходить
3) В 50 лет время __________________.	бежать-бегать

4) Эта дорога ________________ на самую вершину.	везти-водить
5) Самолеты ________________ каждый день.	лететь-летать
6) Спортсмены прекрасно ________________.	бежать-бегать
7) Я видел, как мама ______________ малыша за руку.	вести-водить
8) Нам было очень скучно, и время просто ______________.	ползти-ползать
9) Он получал товары и ______________ их по домам.	везти-возить
10) Она _________________ тяжёлую сумку в руке.	нести-носить
11) Вот _________________ наш автобус, он всегда _________________ здесь.	идти-ходить
12) Он хорошо ___________________ машину.	вести-водить
13) Когда она _________________ книги, они упали.	нести-носить
14) Учитель _________________ за собой учеников.	вести-водить
15) Завтра она _________________ в Америку.	лететь-летать

ПЕРЕВОД

오르페우스와 에우리디케

그리스 북부에 가수 오르페우스에서 살았다. 그의 명성은 모든 땅에 전해졌다. 그의 노래들로 인해 아름다운 에우리디케는 그를 사랑하게 되었고 그의 아내가 되었다. 어느 날 오르페우스와 에우리디케는 숲에서 산책을 했다. 오르페우스는 노래를 불렀고, 에우리디케는 꽃들을 꺾었다. 갑자기 그녀는 누군가가 그녀를 쫓아오는 것을 느꼈다. 그녀는 놀라서 다시 오르페우스에게로 달려갔다. 그녀는 무성한 풀길을 따라 뛰어갔는데, 실수로 뱀의 둥지를 밟게 되었고 뱀은 그녀를 물었다. 에우리디케는 크게 비명을 지르고 풀 위로 쓰러졌다. 오르페우스는 아내의 비명소리를 듣고 그녀에게 서둘러 갔다. 하지만 그는 커다란 검은 날개들만 보았는데, 이것은 에우리디케를 지하왕국으로 데리고 간 죽음이었다.

오르페우스의 슬픔은 매우 컸다: "안돼, 나는 에우리디케 없이는 살 수가 없어! - 그는 말했다. - 죽음아 나도 데려가 다오!"

하지만 죽음은 오지 않았다. 오르페우스는 스스로 죽음의 왕국으로 출발하기로 결심했다. 깊은 동굴에서 그는 지하 강 스틱스를 발견했다. 이 강 뒤쪽에 죽음의 왕국이 시작되었다. 오르페우스는 죽은 자들의 나룻배 사공인 카론을 기다리기 시작했다: "나를 저쪽 강가로 옮겨다 주시오!". 하지만 카론은 거절했다: "나는 죽은 자들만 저쪽 강가로 옮겨다 준다오. 자네가 죽게 되면, 내가 자네를 위해 오겠네." - 부탁하오! - 오르페우스는 간청했다. - 나는 더 이상 살고 싶지 없소! 나는 나의 에우리디케를 보고 싶소!

하지만 카론은 그를 밀어냈다. 그때 오르페우스는 연주를 하면서 노래를 부르기 시작했다. 스틱스의 차가운 물이 멈추었다. 노래를 부르는 자는 배에 탔고, 카론은 그를 다른 강가로 데려다 주었다. 오르페우스는 대담하게 조용한 죽음의 왕국으로 걸어갔다. 그렇게 그는 지하 세계의 주인인 하데스의 궁전까지 도달했고 어두운 홀로 들어갔다. 노래를 부르는 자는 왕좌로 가까이 가서 더욱 멋지게 노래를 부르기 시작했다. 그는 에우리디케에 대한 사랑을 노래했다.

오르페우스가 하데스에게 말했다:

- 나의 에우리디케를 나에게 돌려보내 주십시요! 그녀는 지상에서 너무 조금밖에 살지 못했고 너무 짧은 기간 동안 사랑을 했습니다. 그녀를 지상으로 보내 주십시요! 그녀에게 세상에서 조금만 더 살 수 있도록 해주십시오.

- 네가 요청하는 대로 해주겠다! - 하데스가 오르페우스에게 말했다. - 너는 그녀를 데

리고 지상으로 갈 수 있다. 그러나 한 가지 조건에서 가능하다. 너는 그녀가 세상으로 나갈 때까지 그녀를 봐서는 안 된다. 세상으로 돌아간 뒤에 너는 에우리디케가 네 뒤를 바짝 따라 갔다는 것을 알게 될 것이다. 뒤를 돌아본다면 그녀를 영원히 잃게 될 것이다.

오르페우스는 재빨리 죽음의 왕국에서 출구로 향했고 에우리디케의 그림자가 그를 따랐다. 그들은 카론의 배에 탔다. 그러자 그는 그들을 반대편 삶의 강가로 데려다 주었다. 주위는 어둡고 조용했고, 마치 아무도 그를 따라오지 않는 것처럼 오르페우스 등 뒤는 조용했다. 그의 마음만이 요동쳤다: <에우리디케!, 에우리디케!>. 다른 모든 것을 잊고서, 오르페우스는 멈춰서고는 뒤돌아보았다. 그 순간 아주 가까이서 그는 사랑스러운 그림자, 사랑하는 아름다운 얼굴을 보았다. 그러나 곧 즉시 에우리디케의 그림자가 날아갔다.

절망적으로 부르짖으면서 오르페우스는 이전 어둔 스틱스 강가로 달려가서 나룻배 사공을 부르기 시작했다. 그러나 아무 소용이 없었다. 그는 세상으로 돌아와 더 살아야만 했다. 하지만 그는 자신의 에우리디케를 잊을 수 없었고 그녀에 대한 기억이 그의 심장과 노래들에서 살았다.

(из античной литературы)

MEMO

4 Урок

접두사 있는 운동동사

Анто́н Па́влович Че́хов

ПОЧИТАЕМ

Анто́н Па́влович Че́хов

17 января́ 1860 го́да в семье́ Па́вла Его́ровича Че́хова роди́лся тре́тий ребёнок — Анто́н. Ра́ннее де́тство Анто́на прошло́ в бесконе́чных церко́вных пра́здниках.

23 а́вгуста 1868 го́да Анто́н Че́хов пошёл в нача́льный класс гимна́зии. В гимна́зии у него́ прояви́лась си́льная любо́вь к кни́гам, зна́ниям и теа́тру. Здесь он получи́л свой пе́рвый литерату́рный псевдони́м "Чехонте́". Пе́рвая дра́ма "Безотцо́вщина" была́ напи́сана 18-ле́тним Че́ховым в пери́од учёбы в гимна́зии. В 1879 году́ он око́нчил гимна́зию в Таганро́ге.

Он перее́хал в Москву́ и поступи́л на медици́нский факульте́т Моско́вского университе́та, где учи́лся у изве́стных профессоро́в.

24 декабря́ 1879 го́да, бу́дучи студе́нтом пе́рвого ку́рса, Че́хов помести́л в журна́ле "Стрекоза́" своё пе́рвое произведе́ние("Письмо́ к учёному сосе́ду"). Это был его́ дебю́т в печа́ти. 1884 году Че́хов око́нчил курс университе́та и на́чал рабо́тать врачо́м.

В 1884 году́ вы́шел сбо́рник его́ расска́зов "Ска́зки Мельпоме́ны". Зате́м он опубликова́л мно́го расска́зов на юмористи́ческие те́мы. Но с 1887 го́да его́ расска́зы ста́ли всё длинне́е и серьёзнее. О ва́жных измене́ниях его́ сти́ля, происходи́вших тогда́ с Че́ховым, говори́ло ещё и появи́вшееся жела́ние путеше́ствовать.

В том же, 1887 году́ он пое́хал в путеше́ствие на юг, в родны́е места́. По́зже он е́здил по "го́голевским места́м", в Крым, на Кавка́з. Пое́здка на юг оживи́ла воспомина́ния Че́хова о проведённой там мо́лодости и дала́ ему́ материа́л для "Сте́пи", пе́рвого его́ произведе́ния в прúзнанном журнáле. Сначáла он хотéл поéхать вокрýг свéта, потóм в Срéднюю Азию, в Пéрсию. В концé концóв он решúл поéхать на Сахалúн.

Но несмотря́ на сóбственное недовóльство Чéхова собóй, его слáва рослá. Веснóй 1890-го Чéхов отпрáвился в путешéствие. Путь чéрез Сибúрь зáнял 82 дня, за котóрые Чéхов написáл 9 óчерков, объединённых под óбщим назвáнием "Из Сибúри". На Сахалúн Чéхов приéхал 11 июля. За нéсколько мéсяцев пребывáния там Чéхов общáлся с людьмú, узнавáл истóрии их жúзней и набирáл богáтый материáл для своúх замéток.

Назáд с Сахалúна Чéхов плыл на парохóде "Петербýрг". Дáлее — Гонкóнг, Сингапýр, óстров Цейлóн, Константинóполь, Одéсса. 7 декабря 1890 гóда родныé встречáли егó в Тýле. В слéдующие 5 лет Чéхов писáл книгý "Остров Сахалúн".

С 1890 по 1895 год, приéхав в Москвý из Сахалúна. Здесь он рабóтал над расскáзами "Дуэ́ль", "Палáта № 6".

Чéхов чáсто приезжáл в подмосковное имéние Мéлихово. Позднéе Чéхов мнóго éздил по Еврóпе. В послéдние гóды Чéхов переéхал в Ялту, страдáя от туберкулёза, и лишь úзредка приезжáл в Москвý, где егó женá, артúстка Ольга Кнúппер, рабóтала в теáтре.

Болéзнь Чéхова прогрессúровала. Тогдá лéтом 1904 гóда Чéхов вы́ехал на курóрт в Гермáнию. Из-за рéзкого обострéния болéзни писáтель скончáлся 2 июля 1904 гóда в Баденвáйлере, Гермáния.

(по материалам книги Ю.В.Соболева "Чехов")

СЛОВА И ВЫРАЖЕНИЯ

бесконе́чный	무한한, 끝없는	стиль	문체, 스타일
церко́вный	교회의, 종교의	жела́ние	희망, 바램
де́тство	어린 시절	путеше́ствовать	여행하다
прояви́ться	나타나다, 보이다	и́зредка	드물게, 가끔
зна́ние	지식	оживи́ть	소생시키다
дра́ма	드라마, 희곡	воспомина́ние	추억, 회상
пери́од	기간, 시기	мо́лодость	청년시대
помести́ть	놓다, 두다	при́знанный	일반적으로 인정된
произведе́ние	작품	недово́льство	불만, 불평
дебю́т	데뷔, 첫 등장	о́черк	수필, 기사
печа́ть	정기간행물	набира́ть	모으다, 수집하다
сбо́рник	선집, (모음)집	заме́тка	짧은 기록, 메모
расска́з	단편소설	парохо́д	증기기관, 기선
опубликова́ть	공포, 발표하다	име́ние	소유물, 자산
юмористи́ческий	유머러스한	туберкулёз	결핵병의
серьёзный	진지한, 심각한	арти́стка	여배우
ва́жный	중요한	прогресси́ровать	악화시키다
измене́ние	변화, 변경	куро́рт	요양소, 요양지

в пери́од учёбы в гимна́зии	김나지움에서 공부하는 동안
любо́вь к кни́гам	독서에 대한 애정
вы́шел сбо́рник расска́зов	단편소설집이 출간되었다
вокру́г све́та	세계 일주
в конце́ концо́в	마침내, 결국
Ду́эль	결투(체호프 소설)
Пала́та № 6	6호실(체호프 소설)
Степь	대초원(체호프 소설)
страда́ть от чего	~로 고생하다, 괴로워하다
Безотцо́вщина	(아버지가 없는) 고아(체호프 희곡)
в после́дние го́ды	마지막 때(시기)에

Вопросы к тексту

А. Ответьте на вопросы.

1. Как называется текст?
2. О ком говорится в тексте? Что вы знаете об этом человеке?
3. Когда родился Антон Павлович Чехов?
4. Когда у него появилась любовь к книгам и театру?
5. Когда, где и как он дебютировал в печати?
6. Где Чехов получил высшее образование?
7. В каком жанре начал свою писательскую деятельность Чехов?
8. Какое путешествие совершил Чехов в поисках своего нового стиля? Что он делал во время поездки?
9. Почему писатель провёл последние годы жизни в Ялте, потом в Германии?
10. Расскажите о путешествии, которое повлияло на вас и вашу жизнь.

Б. Сделайте письменный пересказ текста.

В. Переведите текст на корейский язык.

ГРАМАКТИКА

운동동사는 다양한 접두사들과 결합하여 다양한 방향으로의 운동의미를 나타낸다. 접두사가 없는 정태와 부정태 운동 동사들은 전부 불완료상 동사들이다. 부정태 동사에 접두사가 결합되면 불완료상 동사가 되고, 정태 동사에 접두사가 결합되면 완료상 동사가 된다. 이 동사들은 자동사가 되며 특정한 전치사를 지배한다.

1) 접두사 в-(во-), вы-

접두사	완료상 - 불완료상	전치사	의미
в-(во-)	войти́ - входи́ть въе́хать - въезжа́ть	в/на + 대격	(내부로의 운동 의미) ~에 들어가다
вы-	вы́йти - выходи́ть вы́ехать - выезжа́ть	из/с + 생격	(외부로의 운동 의미) ~에서 나가다

· Профе́ссор вошёл в аудито́рию. 교수님은 강의실로 들어오셨다.
· Из гаража́ вы́ехала маши́на. 차가 차고에서 나왔다.

2) 접두사 при-, у-

접두사	완료상 - 불완료상	전치사	의미
при-	прийти́ - приходи́ть прие́хать - приезжа́ть	в/на + 대격 к + 여격	(도착의 의미) ~에 도착하다
у-	уйти́ - уходи́ть уе́хать - уезжа́ть	из/с + 생격 от + 생격	(떠남의 의미) ~에서 떠나다

· Когда́ вы прие́дете в Коре́ю? 너희들은 언제 한국에 도착하니?
· Когда́ он ушёл домо́й? 언제 그는 집으로 갔니?

3) 접두사 под-(подо-), от-(ото-)

접두사	완료상 - 불완료상	전치사	의미
под- (подо-)	подойти́ - подходи́ть подъéхать - подъезжáть	к + 여격	(접근의 의미) ~에 접근하다
от- (ото-)	отойти́ - отходи́ть отъéхать - отъезжáть	от + 생격	(멀어짐의 의미) ~에서 멀어지다

· Мы подойдём к здáнию университéта. 우리는 학교 건물에 다다르고 있다.
· Наш автóбус отъезжáет от университéта. 버스가 학교에서 멀어지고 있다.

4) 접두사 раз-(рас-, разо-), с-(со-)

접두사	완료상 - 불완료상	전치사	의미
раз- (рас-, разо-)	разойти́сь - расходи́ться разъéхаться - разъезжáться	по + 여격 в + 대격	(한 장소에서 여러 방향으로 이동의 의미) 여러 방향으로 나가다, 흩어지다
с-(со-)	сойти́сь - сходи́ться съéхаться - съезжáться	в + 대격	(여러 방향에서 한 장소로의 이동 의미) 한 곳으로 모여들다

· На кани́кулы студéнты разъéхались по свои́м домáм.
방학에 학생들은 각자 자기 집으로 흩어졌다.
· Пóсле переры́ва студéнты сходи́лись в аудитóрию.
쉬는 시간 후에 학생들은 강의실로 모여들었다.

5) 접두사 вз-(вс-, взо-), с-(со-)

접두사	완료상 - 불완료상	전치사	의미
вз- (вс-, взо-)	взойти́ - всходи́ть въéхать - въезжáть	в/на + 대격	(위쪽으로의 운동 의미) ~로 올라가다
с-(со-)	сойти́ - сходи́ть съéхать - съезжáть	с + 대격	(아래쪽으로의 운동 의미) ~로 내려가다

· По суббóтам мы всхóдим на гóру. 토요일마다 우리는 산에 오른다.
· Мы схóдим с деся́того этажá по лéстнице. 우리는 10층에서 계단으로 내려온다.

6) 접두사 про-, пере-

접두사	완료상 - 불완료상	전치사	의미
про-	пройти́ - проходи́ть прое́хать - проезжа́ть	че́рез + 대격 ми́мо + 생격	(사물 옆을 지나치거나 혹은 사물을 관통하는 의미) ~을 지나가다, 관통하다
пере-	перейти́ - переходи́ть перее́хать - переезжа́ть	че́рез +대격	(한 장소에서 다른 장소로, 한 방향에서 다른 방향으로의 이동 의미) ~을 건너가다, 지나가다, 이동하다

· Вчера́ я проезжа́л ми́мо ва́шего до́ма. 어제 나는 당신의 집 옆을 지나갔다.

· На́ша семья́ перее́хала из го́рода в дере́вню в про́шлом году́.
우리 가족은 작년에 도시에서 시골로 이사했다.

7) 접두사 до-, о-(об-, обо-), за-

접두사	완료상 - 불완료상	전치사	의미
до-	дойти́ - доходи́ть дое́хать - доезжа́ть	до + 생격	(일정한 장소까지 이동의 의미) ~까지 도달하다
о- (об-, обо-)	обойти́ - обходи́ть объе́хать - объезжа́ть	+ 대격 вокру́г + 생격	(사물 주위를 우회하는 의미) ~를 우회하다
за-	зайти́ - заходи́ть зае́хать - заезжа́ть	в/на + 대격 к + 여격 за + 조격	(사람이나 어떤 장소에 잠시 방문의 의미) ~에(게) 잠시 들리다

· Как мне дое́хать до Кремля́? 끄레믈린까지 어떻게 갈 수 있습니까?

· Что́бы найти́ ну́жную кни́гу, я обошёл 10 кни́жных магази́нов.
필요한 책을 구하기 위해 나는 10개의 서점을 돌아다녔다.

· По доро́ге домо́й я заходи́л в магази́н.
집으로 가는 길에 나는 가게에 들렀다.

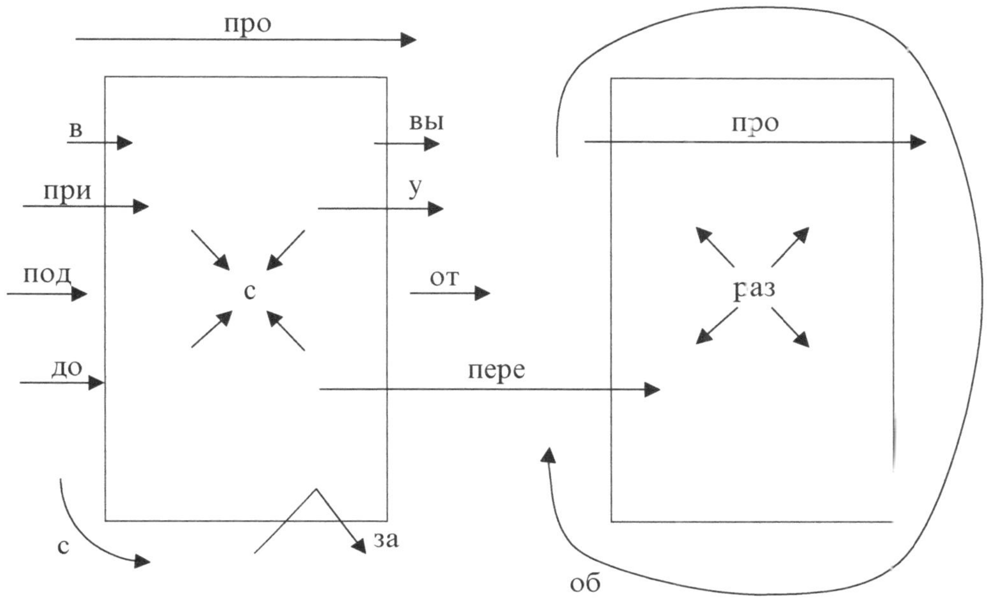

ЗАДАНИЯ

1. 주어진 단어들 중 올바른 형태를 골라 문장을 완성해보세요.

1) Отца нет дома, он ____________ на работу.	пришёл-ушёл
2) Официантка _____________ нам сок и салат.	принесла-унесла
3) __________________ два воробья.	прилетели-приползли
4) Мать ___________ сына на лето в деревню.	увезла-унесла

5) Он _________ своего друга на вечеринку.	привёл-пришёл
6) _________ от меня, я не хочу с тобой разговаривать!	отойди-подойди
7) Машина _________ к дому и остановилась.	подъехала-отъехала
8) Корабль _________ от берега.	отплыл-приплыл
9) Он _________ меня на машине до вокзала.	довёз-отвёз
10) Собака _________ в сторону и присела.	отбежала-прибежала

2. 다음 운동동사들 중 올바른 표현을 골라 문장을 완성해보세요.

(1) 접두사 пере-

1) Он первым ____________ Атлантический океан.	переплыл - переплывал
2) Надо ____________ старика через дорогу.	перевести - переводить
3) Скоро я ____________ на новую квартиру.	перееду - переезжаю
4) Птица поминутно ____________ с ветки на ветку.	перелетела - перелетала
5) Я хочу ____________ Тихий океан.	переплыть - переплывать

(2) 접두사 за-

1) Я поеду в центр и по дороге ___________ в банк.	зайду - заеду
2) ____________ собаку в комнату!	заходи - заводи
3) ____________ шкаф в гостиную!	заносите - заводите
4) Ребёнок ____________ за стол.	забежал - залетел
5) ____________ ко мне на минуту!	заползай - забегай

3. 접두사 при-가 붙은 운동동사들 중 올바른 표현을 골라 문장을 완성해보세요.

1) К нам ___________ родственники и остановились на неделю.	приехали - приезжали
2) Два дня назад на озеро ____________ птицы, но сейчас их там нет.	прилетели - прилетали
3) Брат ____________ домой обедать, он на кухне.	пришёл - приходил
4) Он ____________ книгу домой, но уже вернул.	принёс - приносил
5) На лето она ____________ детей на море и оставила у сестры.	привезла - привозила
6) В мае ____________ сюда корабль, но уже в порту его нет.	приплыл - приплывал

4. 주어진 문장에서 운동동사들의 확장된 의미들을 고려하여 해석해보세요.

1) Такие брюки уже вышли из моды.

2) Сколько литров воды входит в эту тару?

3) Он долго планировал, но ничего не вышло.

4) Ему пришла в голову прекрасная мысль.

5) Света вышла за него замуж.

6) Время пошло так быстро.

7) Я не выношу его, он очень неприятный.

8) Смотрите! Молоко убежало.

9) Ты не знаешь, как вывести это грязное пятно.

10) Спасибо, но это мне не подходит.

11) С тобой приятно поговорить, хорошо отвести душу.

12) Болезнь вывела его из строя.

13) Объясни ему задачу, введи его в курс дела!

ПЕРЕВОД

안똔 빠블로비치 체호프

1860년 1월 17일에 빠벨 예고로비치 체호프의 가정에 세 번째 아이 안똔이 태어났다. 안똔의 초기 유년시절은 끝없는 종교 휴일들 속에서 보냈다.

1868년 8월 23일에 안똔 체호프는 김나지움의 1학년에 들어갔다. 김나지움에서 그는 독서, 지식과 연극에 대한 강한 열정이 생겼다. 여기서 그는 자신의 첫 번째 문학 가명 "체혼테"를 받았다. 첫 번째 희곡 "아버지가 없는 아이"는 체호프가 고등학교에서 공부하던 시기인 18살 때 씌여진 것이었다. 1879년 그는 따간로그에서 김나지움을 졸업했다.

그는 모스크바로 이사를 했고 모스크바 대학의 의학부에 입학하여 유명한 교수들에게서 배웠다. 1학년 학생이었던 1879년 12월 24일에 체호프는 잡지 "잠자리"에 자신의 첫 번째 작품("이웃 학자에게 보내는 편지")을 게재했다. 이것이 그의 출판 데뷔작이었다. 1884년 체호프는 대학 과정을 졸업하고 의사로 일하기 시작했다.

1884년에 그의 단편소설집인 "멜뽀메나의 이야기들"이 출판되었다. 그 뒤 그는 유머러스한 주제들을 다룬 많은 단편 소설들을 발표하였다. 하지만 1887년부터 그의 단편소설들은 모두 더 길어지고 더 진지해지기 시작했다. 그 당시 체호프에게 일어났던 그의 문체의 중요한 변화들에 대해서는 여행을 떠나고자 하는 바램으로도 이야기 될 수 있다.

같은 해, 1887년에 그는 남쪽 자신의 고향으로 여행을 떠났다. 나중에 그는 "고골의 장소들"을 따라 끄림으로, 카프카즈로 갔다. 남쪽으로의 여행은 체호프가 거기서 보낸 젊은 시절을 회상하게 해주었고, 인정받는 저널에 게재한 자신의 첫 번쩌 작품인 "초원"을 위한 자료를 그에게 제공해주었다. 처음에 그는 세계 일주를, 그 뒤에는 중앙아시아, 페르시아를 여행하고 싶었다. 결국 그는 사할린에 가기로 결정했다.

그러나 체호프 자신의 불만족에도 불구하고, 그의 명성은 커져갔다. 1890년 봄에 체호프는 여행을 떠났다. 시베리아를 지나는 길은 82일이 걸렸고, 이 기간 동안 체호프는 "시베리아에서"라는 일반적인 제목 하에 연결시킨 9편의 에세이를 썼다. 체호프는 사할린에 7월 11일에 도착했다. 거기에 머문 몇 달 동안 체호프는 사람들과 교제를 나누며 그들 삶의 역사들을 알게 되었고 자신의 기록들에 대한 많은 자료들을 얻었다.

사할린에서부터 위로 체호프는 "뻬쩨르부르그" 배를 타고 항해했다. 다음으로는 홍콩, 싱가포르, 실론 섬, 콘스탄티노플, 오데사로 갔다. 1890년 12월 7일에 가족들은 그를 뚤라에서 만날 수 있었다. 향후 5년간 체호프는 "사할린 섬" 책을 썼다.

1890년에서 1895년까지 사할린에서 모스크바로 온 뒤에 여기서 그는 "결투"와 "6호실"을 썼다.

체호프는 자주 모스크바 근교 멜리호보에 왔었다. 이후 체호프는 유럽을 많이 여행했었다. 마지막 시기에 체호프는 결핵으로 고생하면서 얄타로 이사를 했고, 가끔씩 그의 아내인 배우 올가 끄니뻬르가 극장에서 일하고 있었던 모스크바로 왔었다.

체호프의 병은 악화되어갔다. 그 당시 1904년 여름에 체호프는 독일 요양지로 떠났다. 급격히 악화된 병으로 인해 작가는 1904년 7월 2일 독일의 바덴바일러에서 사망했다.

(по материалам книги Ю.В.Соболева "Чехов")

5 Урок

동사 상 I

Ма́ша и медве́дь

ПОЧИТАЕМ

Ма́ша и медве́дь

Жи́ли-бы́ли де́душка да ба́бушка. Была́ у них вну́чка Ма́шенька. Собрали́сь одна́жды подру́жки в лес. Пришли́ к Ма́шеньке, зову́т пойти́ вме́сте.

Пришли́ де́вушки в лес, ста́ли собира́ть гри́бы да я́годы, и ушла́ Ма́шенька далеко́-далеко́ от подру́жек. Ста́ла она́ их звать, а подру́жки не слы́шат, не отзыва́ются. Ходи́ла, ходи́ла Ма́шенька по ле́су и совсе́м заблуди́лась. Пришла́ она́ в са́мую ча́щу. Стои́т избу́шка. Постуча́ла Ма́шенька в дверь, но там не отвеча́ют. Толкну́ла она́ дверь, дверь и откры́лась. Вошла́ Ма́шенька в избу́шку, се́ла у окна́ на ла́вочку. Се́ла и ду́мает: "Кто же здесь живёт? Почему́ никого́ не ви́дно?" В той избу́шке жил большу́щий медве́дь. То́лько его́ тогда́ до́ма не бы́ло, потому́ что он по ле́су ходи́л. Верну́лся ве́чером медве́дь, уви́дел Ма́шеньку, обра́довался.

— Ага́, — говори́т, — тепе́рь не отпущу́ тебя! Бу́дешь у меня́ жить. Бу́дешь ка́шу вари́ть, меня́ ка́шей корми́ть.

Ста́ла она́ жить у медве́дя в избу́шке. Медве́дь на це́лый день уйдёт в лес, а Ма́шеньке не разреша́ет без него́ из избу́шки выходи́ть.

Ста́ла Ма́шенька ду́мать, как ей от медве́дя убежа́ть. Кру́гом лес, в каку́ю сто́рону идти́, она́ не зна́ет. Ду́мала она́, ду́мала и приду́мала.

— Медве́дь, отпусти́ меня́ на день в дере́вню. Я пода́рки ба́бушке и де́душке переда́м.

— Нет, ты доро́гу не найдёшь, — говори́т медве́дь. — Дава́й пода́рки, я их сам отнесу́.

Напекла́ она́ пирожко́в, доста́ла большо́й-пребольшо́й ко́роб и говори́т медве́дю:

— Вот, смотри́! Я в э́тот ко́роб положу́ пирожки́, а ты отнеси́ их де́душке да ба́бушке. Ко́роб по доро́ге не открыва́й, пирожки́ не вынима́й. Я на дуб влéзу, за тобо́й следи́ть буду!

Медве́дь согласи́лся. Ма́шенька говори́т:

— Вы́йди на крыле́чко, посмотри́, не идёт ли до́ждик!

То́лько медве́дь вы́шел на крыле́чко, Ма́шенька сейча́с же залезла́ в ко́роб, а на го́лову себе́ блю́до с пирожка́ми поста́вила. Верну́лся медве́дь, ви́дит, что ко́роб гото́в. Взвали́л его́ на спи́ну и пошёл в дере́вню. Идёт медве́дь ме́жду ёлками, бредёт медве́дь ме́жду берёзками. Шёл-шёл, уста́л и говори́т:

— Ся́ду на пенёк, съем пирожо́к!

А Ма́шенька из ко́роба говори́т ему́:

— Ви́жу, ви́жу! Не сади́сь на пенёк, не ешь пирожо́к!

— Вот кака́я, — говори́т медведь, — всё ви́дит!

Пришёл в дере́вню, нашёл дом, где де́душка с ба́бушкой жи́ли. А соба́ки почу́яли медве́дя и бро́сились на него́. Со всех дворо́в бегу́т, ла́ют. Испуга́лся медве́дь, поста́вил ко́роб у воро́т и убежа́л в лес.

Вы́шли тут де́душка и ба́бушка к воро́там. Ви́дят ко́роб, а ко́робе Ма́шенька сиди́т, жива́я и здоро́вая. Обра́довались де́душка да ба́бушка. Ста́ли они́ Ма́шеньку обнима́ть, целова́ть, у́мницей называ́ть.

(русская народная сказка)

СЛОВА И ВЫРАЖЕНИЯ

собра́ться	모으다, 준비하다	дуб	참나무
гриб	버섯	влезть	기어오르다
я́года	열매	следи́ть	주시하다, 살펴보다
отзыва́ться	응답하다	крыле́чко	현관계단, 출입승강구
заблуди́ться	길을 잃다	зале́зть	숨어들다, 들어가다
ча́ща	밀림	блю́до	큰접시
избу́шка	작은 통나무집	поста́вить	제공, 공급하다
толкну́ть	밀다	взвали́ть	(짐을) 지다
ла́вочка	(침대겸용) 벤치	брести́	천천히(겨우) 걷다
отпуска́ть	놓아주다	берёза	자작나무
разреша́ть	허락하다	пенёк (пень)	그루터기
круго́м	주위에, 사방에	почу́ять	감지, 예감하다
приду́мать	궁리하다, 고안하다	бро́сить	팽개치다, 버리다
переда́ть	전달하다	двор	마당
отнести́	가지고 가다	ла́ять	(개가) 짖다
ко́роб	상자	воро́та	문, 대문
пирожо́к	작은 파이, 고기만두	обра́доваться	기뻐하다, 즐거워하다
вынима́ть	도려내다, 잘라내다	у́мница	영리한 아이(사람)
большу́щий	거대한	съесть	먹다
найти́	찾다	напе́чь	(빵을) 굽다

жи́ли-бы́ли	옛날 옛적에 ~가 살고 있었다
шёл-шёл	가고 갔다
большо́й-пребольшо́й ко́роб	매우 큰 상자
де́душка да ба́бушка	할아버지와 할머니
далеко́-далеко́	멀리 멀리
взвали́ть на спи́ну(пле́чи)	어깨에(등에) 짐을 지우다
следи́ть за кем	주시, 감독, 추적하다
влезть на дуб	참나무로 기어 올라가다
зале́зть в ко́роб	상자 속으로 기어 들어가다

Вопросы к тексту

А. Ответьте на вопросы.

1. Как называется текст?
2. О чём рассказывается в тексте?
3. Какой жанр этого текста?
4. Кто главные герои текста?
5. Почему Машенька оказалась в доме медведя?
6. Что она делала в доме медведя?
7. Почему медведь не хотел отпускать Машу к бабушке и дедушке?
8. Как Маша обманула медведя?
9. Какой вы представляете Машеньку? Какой у неё характер?
10. Расскажите корейскую народную сказку.

Б. Сделайте письменный пересказ текста.

В. Переведите текст на корейский язык.

ГРАМАКТИКА

1. 동사상의 용법

러시아어 대부분의 동사는 불완료상과 완료상의 쌍을 가진다. 일반적으로 불완료상은 행위 사실 자체나 진행 중인 행위, 반복, 습관적인 행위 등을 의미하며, 완료상은 완료된 일회성 행위를 나타낸다. 불완료상은 과거, 현제시제를 가지고, 미래는 быть 동사 + 동사원형(복합미래)의 형태를 가지며, 완료상은 과거와 미래시제만을 가진다.

※ 상의 시제

시제 / 상	과거시제	현재시제	미래시제
불완료상 동사 чита́ть	Он чита́л Она чита́ла Они чита́ли	Я чита́ю Ты чита́ешь Он чита́ет Она чита́ет Мы чита́ем Вы чита́ете Они чита́ют	Я бу́ду чита́ть Ты бу́дешь чита́ть Он бу́дет чита́ть Она бу́дет чита́ть Мы бу́дем чита́ть Вы бу́дете чита́ть Они бу́дут чита́ть
완료상 동사 прочита́ть	Он прочита́л Она прочита́ла Они прочита́ли	×	Я прочита́ю Ты прочита́ешь Он прочита́ет Она прочита́ет Мы прочита́ем Вы прочита́ете Они прочита́ют

※ 상의 의미

불완료상 동사	완료상 동사
1) 과거의 일반적 사실	완료된 행위
Я чита́ла кни́гу. 나는 책을 읽었다.	**Я прочита́ла кни́гу.** 나는 책을 다읽었다.
2) 과거 반복된 행위	과거 일회성 행위
Обы́чно я встава́л в 7 часо́в. 보통 나는 7시에 일어났다.	**Сего́дня я встал в 6 часо́в.** 오늘 나는 6시에 일어났다.
3) 미래의 일반적 사실	미래에 종결하고자 하는 의지
За́втра я бу́ду писа́ть письмо́. 내일 나는 편지를 쓸 것이다.	**За́втра я напишу́ письмо́.** 내일 나는 편지를 쓸 것이다.

※ 구문

불완료상과 함께 자주 쓰이는 구문	완료상과 함께 자주 쓰이는 구문
всегда́, иногда́, ча́сто, ре́дко, до́лго, два часа́, мно́го раз	одна́жды, вдруг, за два часа́, сра́зу, наконе́ц, неожида́нно, оди́н раз

2. 동사상의 구성

동사 상의 구분은 크게 접두사에 의한 방법, 어간의 변형 방법, 완전히 다른 어근 형태 방법으로 구분된다.

① 접두사에 의한 완료상 파생

불완료상	완료상	의미	불완료상	완료상	의미
чита́ть	**про**чита́ть	읽다	писа́ть	**на**писа́ть	쓰다
слу́шать	**по**слу́шать	듣다	смотре́ть	**по**смотре́ть	보다
ду́мать	**под**у́мать	생각하다	идти́	**по**йти́	가다

за́втракать	**по**за́втракать	아침먹다	е́хать	**по**е́хать	가다
есть	**съ**есть	먹다	де́лать	**с**де́лать	하다
пить	**вы́**пить	마시다	учи́ть	**вы́**учить	암송하다
знать	**у**зна́ть	알다	ви́деть	**у**ви́деть	보다
слы́шать	**у**слы́шать	듣다	хоте́ть	**за**хоте́ть	원하다

② 어간의 변형 방법

불완료상	완료상	의미	불완료상	완료상	의미
да**ва́**ть	дать	주다	сда**ва́**ть	сдать	건네주다
вста**ва́**ть	встать	일어나다	узна**ва́**ть	узна́ть	알다
спра́ш**ива**ть	спроси́ть	묻다	перепи́с**ыва**ть	переписа́ть	고쳐쓰다
перестра́**ива**ть	перестро́ить	개축하다	опи́с**ыва**ть	описа́ть	묘사하다
реш**а́**ть	реш**и́**ть	해결하다	отвеч**а́**ть	отве́т**и**ть	대답하다
начин**а́**ть(ся)	нач**а́**ть(ся)	시작하다 (되다)	конч**а́**ть(ся)	конч**и**ть(ся)	끝내다 (끝나다)

③ 어근이 다른 상의 쌍

불완료상	완료상	의미	불완료상	완료상	의미
брать	взять	취하다	иска́ть	найти́	찾다
говори́ть	сказа́ть	말하다	лови́ть	пойма́ть	잡다
класть	положи́ть	놓다	станови́ться	стать	되다
сади́ться	сесть	앉다	ложи́ться	лечь	눕다

④ 강세로 구분되는 상의 쌍

불완료상	완료상	의미	불완료상	완료상	의미
рассыпа́ть	рассы́пать	뿌리다	рассы́пать	рассыпа́ть	흩뜨리다
отреза́ть	отре́зать	잘라내다	разреза́ть	разре́зать	몇 조각으로 자르다

⑤ 상의 쌍이 없는 동사들

불완료상만 있는 동사		완료상만 있는 동사	
зна́чить	의미하다	стать	시작하다
име́ть	가지다	состоя́ть	행해지다
налюда́ть	관찰하다	пона́добиться	필요하게 되다
уча́ствовать	참가하다	заблуди́ться	길을 잃다
разгова́ривать	대화하다	гря́нуть	요란하게 울리다

ЗАДАНИЯ

1. 주어진 동사들 중 올바른 표현을 골라 문장을 완성해보세요.

1) 불완료상과 완료상 현재 변화

1) Он всегда ... в шесть утра, а завтра ______________.	встаёт - встанет
2) Она никогда не ______________ фотографию своего друга, а сегодня днём ______________.	показывает - покажет
3) Он обычно не ______________ этот вопрос, но завтра ______________.	спрашивает - спросит
4) Мы ______________ вашу посылку, хотя обычно не ______________.	отправляем - отправим
5) Он часто не ______________ меня, но сегодня ______________.	понимает - поймёт

2) 단일미래와 복합미래

1) По понедельникам они _________ спортом.	будут заниматься - займутся
2) За сколько ты _________ свой доклад?	будешь заканчивать - закончишь
3) Марина долго _________ эту проблему.	будет изучать - изучит
4) Мы прекрасно _________ этим летом.	будем отдыхать - отдохнём
5) Она постоянно _________ в нашей компании.	будет работать - поработает

2. 올바른 상의 동사를 골라 문장을 완성해보세요.

1) Ты долго _____________ новые слова?	учил - выучил
2) Наконец Маша _____________ словарь.	покупала - купила
3) За месяц он _____________ эту работу.	выполнял - выполнил
4) Она никогда не _____________ это.	брала - взяла
5) Месяц назад мы _____________ этот фильм.	смотрели - посмотрели
6) Он сидел за столом и _____________ с ней.	говорил - сказал
7) Она смотрела кино и ___________ на компьютере.	печатала - напечатала

8) Извини, вчера я ______________ тебя.	обижал - обидел
9) Он со мной ______________ несколько раз.	здоровался - поздоровался
10) За месяц он ______________ дом.	строил - построил

3. 주어진 문장들에서 동사 상을 바꾸지 않으면서 동사 과거시제를 미래시제로 바꾸어 보세요.

1) Она никогда ни о чём не спорила с родителями.

→ ____.

2) Целый день дети гуляли в парке.

→ ____.

3) За два дня он написал этот рассказ.

→ ____.

4) Они посмотрели этот фильм год назад.

→ ____.

5) Вы не сильно мучались из-за этого?

→ ____.

6) Мы часто смотрели эти фильмы.

→ ____.

7) Ты подарил ей цветы?

→ ____.

8) Они всегда говорили о своём будущем.

→ ____.

9) Он поздравил их с праздником.

→ ____.

10) Они брали его с собой на море.

→ ____.

4. 주어진 단어들 중 알맞은 동사를 골라 올바른 형태로 고쳐 문장을 완성해보세요.

1) Каждый день он _________ письма домой.	писать - написать
2) Вчера актриса прекрасно _________ свою роль.	исполнять - исполнить
3) Студенты _________ преподавателя и продолжили разговор.	приветствовать - поприветствовать
4) Завтра они _________ его в гости.	приглашать - пригласить
5) Она будет молчать и никогда не _________ об этом.	рассказывать - рассказать
6) Он _________ и работал в России год.	жить - пожить
7) Скоро будут каникулы. За время отдыха они многое _________.	смотреть - посмотреть
8) Вчера мой друг был дома и _________ играл в компьютер.	играть - поиграть
9) Мы услышали странный звук. Кто-то без перерыва _________ в дверь.	стучать - постучать
10) Подруга _________ мне модные часы.	дарить - подарить

ПЕРЕВОД

마샤와 곰

옛날 옛적에 할아버지와 할머니가 살고 있었다. 그들에게는 손녀 마쉔까가 있었다. 어느 날 친구들은 숲으로 가기로 했다. 그들은 마쉔까에게 와서 함께 가자고 불러냈다.

아가씨들은 숲으로 가서 버섯들, 열매들을 모으기 시작했는데, 마쉔까는 친구들로부터 멀리 멀리 가게 됐다. 그녀는 친구들을 부르기 시작했지만, 친구들은 들을 수가 없어서 대답을 할 수 없었다. 마쉔까는 숲을 돌아다니고 돌아다니다 완전히 길을 잃어버리고 말았다. 그녀는 밀림 속으로 들어갔다. 오두막이 있었다. 마쉔까는 문을 두드렸지만 거기에는 아무도 대답하지 않았다. 그녀가 문을 밀자 문이 열렸다. 마쉔까는 오두닥 안으로 들어가서 창가에 있는 벤치에 앉았다. 앉아서 생각했다: "여기에는 누가 살고 있을까? 왜 아무도 보이지 않는 걸까?" 그 오두막에는 커다란 곰이 살고 있었다. 그 당시 곰은 숲을 돌아다니고 있었기 때문에 집에 없었다. 저녁에 곰은 돌아와서 마쉔까를 보고는 기뻐했다.

- 아하, - 곰은 말했다 - 이제 너를 놓아주지 않을 거야! 우리 집에 살게 할 거야. 죽을 끓이기 할 거야. 나를 위해 죽을 만들게 할 거야.

그녀는 곰의 집 오두막에서 살기 시작했다. 곰은 매일 숲으로 나갔고 마쉔까는 곰이 없이는 오두막 밖으로 나가는 것이 허락되지 않았다.

마쉔까는 곰으로부터 어떻게 도망칠 수 있을지 생각하기 시작했다. 주위는 온통 숲이어서 어떤 쪽으로 가야할 지 그녀는 알지 못했다. 그녀는 생각하고 생각하고는 고안해냈다.

- 곰아, 나를 하루 동안만 마을로 좀 보내줘. 할머니와 할아버지께 선물을 전해 드리려고.

- 안돼, 너는 길을 찾을 수 없어. 내가 할머니와 할아버지께 선물을 전해줄게. - 곰이 말했다 - 선물을 줘, 내가 그것들을 직접 전해 줄게.

그녀는 파이를 구워서 매우 큰 상자를 가지고와서는 곰에게 말했다:

- 자 봐! 나는 이 상자에 파이들을 담을 거야, 그러면 너는 그것들을 할아버지와 할머니께 가져다줘. 길을 가는 동안 상자를 열어보지 마, 파이들을 잘라 먹지 않도록 해. 나는 참나무 위로 올라가서 네 뒤를 살펴볼 거야!

곰은 동의했다. 마쉔까가 말했다:

- 현관으로 나가서 비가 오는지 안 오는지 보도록 해!

곰이 현관으로 나가자마자 마쉔까는 즉시 상자 안으로 들어가서 자신의 머리위에 파이 음식을 놓아두었다. 곰은 돌아와서 상자가 준비된 것을 보았다. 상자를 어깨에 메고는 마을로 가기 시작했다. 곰은 전나무들 사이를 가고, 곰은 자작나무들 사이를 천천히 걸어갔다. 가고 또 갔으며, 피곤해서 말했다:

- 그루터기에 앉아 파이 좀 먹어야겠어!

그러자 마쉔까가 상자 속에서 곰에서 말했다:

- 보고 있어, 보고 있어! 그루터기에 앉지 말고, 파이를 먹지 마!

- 저런, - 곰이 말했다 - 모든 걸 보고 있군!

마을에 도착해서 할아버지와 할머니가 살고 계시는 집을 찾았다. 그런데 개들이 곰을 감지하고는 곰에게로 달려왔다. 전 마당에서 달려오면서 짖어댔다. 곰은 놀라서 대문가에 상자를 두고는 숲으로 도망갔다.

할아버지와 할머니가 대문으로 나왔다. 상자를 보았고, 상자 속에는 살아있는 건강한 마쉔까가 앉아있었다. 할아버지와 할머니는 기뻤다. 그들은 마쉔까를 포옹하고 입을 맞추었으며 영리한 아이라고 부르기 시작했다.

(русская народная сказка)

6 Урок

동사 상 II

Че́стное сло́во

ПОЧИТАЕМ

Че́стное сло́во

Одна́жды ле́том я зашёл в сад. Была́ у меня́ с собо́й интере́сная кни́га, я зачита́лся и не заме́тил, как наступи́л ве́чер. Когда́ чита́ть ста́ло совсе́м тру́дно, я захло́пнул кни́гу, подня́лся и пошёл к вы́ходу. Мне послы́шалось, что за куста́ми кто-то пла́чет. Там стоя́л ма́ленький ма́льчик лет семи́ и́ли восьми́ и гро́мко плака́л.

- Эй, что с тобо́й, ма́льчик?

- Ничего́.

- Дава́й пошли́, - сказа́л я ему́. - Смотри́, уже́ по́здно.

- Не могу́ идти́.

- Как? Почему́? Что с тобо́й?

- Я - часово́й, - сказа́л он. - Мы игра́ем.

- Как часово́й? Какой часово́й? С кем же ты игра́ешь?

Ма́льчик помолча́л, вздохну́л и сказа́л:

- Я на скаме́йке сиде́л, а тут каки́е-то больши́е ребя́та подхо́дят и говоря́т: "Хо́чешь игра́ть в войну́?" Я говорю́: "Хочу́". Ста́ли игра́ть. Оди́н большо́й ма́льчик привёл меня́ сюда́ и говори́т: "Ты бу́дешь часово́й. Стой здесь". Я говорю́: "Хорошо́". А он говори́т: "Дай че́стное сло́во, что не уйдёшь". Ну, я и сказа́л: "Че́стное сло́во - не уйду́". Ну и вот. Стою́-стою́, а они́ не иду́т.

Я уже́ хоте́л засмея́ться, но пото́м поду́мал, что тут ничего́ нет смешно́го и что ма́льчик соверше́нно прав. Если дал че́стное сло́во, так на́до стоя́ть. А игра́ это и́ли не игра́ - всё равно́.

- Что же ты бу́дешь де́лать? - сказа́л я ему.

- Не зна́ю, - сказа́л ма́льчик и опя́ть заплака́л.

Я о́чень хоте́л ему помо́чь. Тут мне вдруг в го́лову пришла́ счастли́вая мысль. Я поду́мал, что на́до освободи́ть ма́льчика от че́стного сло́ва, а э́то мо́жет сде́лать то́лько вое́нный. На́до иска́ть вое́нного. Я до́лго поджида́л, не пройдёт ли ми́мо вое́нный. Но ни оди́н челове́к не пока́зывался на у́лице.

Я вдруг уви́дел на остано́вке команди́рскую фура́жку. Я подбежа́л к вое́нному, схвати́л за ру́ку и закрича́л:

- Това́рищ майо́р! Мину́точку! Подожди́те!

Он огляну́лся, с удивле́нием на меня́ посмотре́л и сказа́л:

- В чём де́ло?

- Тут, в саду́, стоит ма́льчик. Он не мо́жет уйти́, он дал че́стное сло́во. Он о́чень ма́ленький. Он пла́чет. - Я подро́бнее объясни́л ему́, в чем бы́ло де́ло, он сра́зу сказа́л:

- Идёмте, идёмте. Коне́чно. Почему́ вы мне сра́зу не сказа́ли?

В темноте́ мы отыска́ли бе́лый до́мик. Ма́льчик стоя́л и ти́хо плака́л. Уви́дев кома́ндира, ма́льчик вы́прямился, вы́тянулся.

- Това́рищ карау́льный, - сказа́л команди́р. - Прика́зываю остави́ть вве́ренный вам пост.

- Есть, това́рищ майо́р. Прика́зано оста́вить пост.

- Молоде́ц. Из тебя́ вы́йдет настоя́щий во́ин. До свида́ния.

Я посмотре́л на его́ ма́ленький весну́шчатый нос и поду́мал, что ему́, действи́тельно, не́чего боя́ться. Ма́льчик, у кото́рого така́я си́льная во́ля и тако́е кре́пкое сло́во, не испуга́ется темноты́. Я поду́мал так, и мне ста́ло о́чень прия́тно, что я познако́мился с э́тим ма́льчиком.

(по рассказу Л.И. Пантелеева)

СЛОВА И ВЫРАЖЕНИЯ

зачита́ться	독서에 몰두하다	фура́жка	군모
заме́тить	알아채다, 눈치채다	схвати́ть	잡다, 붙잡다
захло́пнуть	탁(쾅) 닫다	майо́р	소령
подня́ться	자리에서 일어나다	огляну́ться	주위를 둘러보다
послы́шаться	들리다, 느껴지다	подро́бно	상세하게
куст	관목, 키작은 나무	темнота́	어둠
плака́ть	울다	отыска́ть	찾아내다, 발견하다
часово́й	보초	вы́прямиться	똑바로서다, 직립하다
вздохну́ть	한숨 쉬다	вы́тянуться	똑바로서다
скаме́йка	공원의자, 벤치	карау́льный	보초
ребя́та	아이들	команди́р	사령관
привести́	데려오다	прика́зывать	명령하다
соверше́нно	완전히, 전적으로	оста́вить	그만두다
счастли́вый	행복한	вве́ренный	담당의, 위임의
освободи́ть	자유롭게 하다	пост	직위, 직
вое́нный	전쟁의, 군인의, 군의	настоя́щий	진짜의, 진정의
поджида́ть	기다리다, 고대하다	во́ин	군인
команди́рский	사령관의	весну́шчатый	주근깨 투성이의

наступи́ть ве́чер	저녁이 되다
играть в войну́	전쟁 놀이를 하다
че́стное сло́во	맹세
всё равно́	모두 동일하다(똑같다)
В го́лову пришла́ мысль.	머리에 생각이 들었다.
не пока́зываться на у́лице	거리에 모습이 보이지 않다
ма́льчик лет семи́ и́ли восьми́	7살 혹은 8살 가량의 소년
что с тобо́й?	무슨 일 있니?
схвати́ть за ру́ку	손을 잡다
с удивле́нием	놀라서
игра́ это или не игра́	이것이 놀이이든 놀이가 아니든

Вопросы к тексту

А. Ответьте на вопросы.

1. Как называется текст?
2. О чём рассказывается в тексте?
3. Кто главный герой текста?
4. Что он делал в саду?
5. Кого он там встретил?
6. Опишите портрет и характер мальчика.
7. Почему он не уходил домой?
8. Кому он дал честное слово?
9. Как главный герой помог мальчику?
10. Расскажите, что вы думаете о мальчике и поступке главного героя.

Б. Сделайте письменный пересказ текста.

В. Переведите текст на корейский язык.

ГРАМАКТИКА

이 장에서는 시제에 따른 동사상의 의미와 활용에 대해 살펴보도록 한다.

1. 과거시제에서의 상

불완료상 동사	완료상 동사
1) 지속성	1) 완료성
Я писа́л письмо́ це́лый ве́чер. 나는 저녁 내내 편지를 쓰고 있었다.	Я написа́л все эти пи́сьма за оди́н ве́чер. 나는 하루 저녁에 이 모든 편지들을 다 썼다.
2) 행위의 반복	2) 행위의 결과, 일회성
Мы начина́ли рабо́ту в 9 часо́в. 우리는 9시에 일하기 시작하곤 했다.	Мы на́чали рабо́ту в 9 часо́в. 우리는 9시에 일을 시작했다.
Он угова́ривает меня́ путеше́ствовать вме́сте. 그는 여행을 함께 가지고 나를 설득했었다.	Но он не уговори́л меня́, и я пое́хал оди́н. 하지만 그는 나를 설득하지 못했고, 혼자 여행을 떠났다.
3) 행위 수행 여부 확인	3) 행위 완료 여부 확인
- Вы чита́ли э́ту кни́гу? - Да, я чита́л э́ту кни́гу. - 당신은 이 책을 읽었습니까? - 네, 나는 이 책을 읽었습니다.	- Вы прочита́ли э́ту кни́гу? - Да, я прочита́л э́ту кни́гу. - 당신은 이 책을 다 읽었습니까? - 네, 나는 이 책을 다 읽었습니다.

※ 특수용법

1) 행위는 이미 종결되었는데, 행위보다는 행위자나 대상에 대해 물어볼 때 불완료상을 사용한다.

· Кто сего́дня убира́л ко́мнату? 오늘 누가 방을 청소했니?
 - Ко́мнату убира́ла я. - 내가 방을 청소했어.
· О чём он расска́зывал? 그는 무엇에 대해 이야기했니?
 - Он расска́зывал о свое́й учёбе. - 그는 자신의 학업에 대해 이야기했어.

2) 구체적인 행위를 나타내는 일부 불완료상 동사들은 일회적인 왕복행위를 나타내기도 한다.

· К вам кто́-то приходи́л. 누군가가 당신에게 왔다 갔다.

· Он пришёл к нам в го́сти. 그는 우리 집에 손님으로 왔었다.

※ 비교

불완료상 동사	완료상 동사
· Я **открыва́л** окно́. 나는 창문을 열었었다. ('나는 창문을 열었다가 닫았다.' - 현재 말하는 순간에 창문이 닫혀있다는 의미)	· Я **откры́л** окно́. 나는 창문을 열었다. (현재 말하는 순간에 창문이 열려있다는 의미)
· Друг **брал** у меня́ э́ту кни́гу. 친구는 나에게서 이 책을 빌려갔었다. (말하는 순간에 책이 나에게 있다는 의미이다.)	· Друг **взял** у меня́ э́ту кни́гу. 친구는 나에게서 이 책을 빌려갔다. (말하는 순간에 책이 친구에게 있다는 의미)

2. 현재시제에서의 상

현재시제에는 불완료상 동사만 쓰인다.

1) 행위의 진행
· Я чита́ю э́тот рома́н неде́лю. 나는 이 소설을 일주일째 읽고 있다.
2) 행위의 반복, 습관
· Я ложу́сь спать в оди́ннадцать часо́в, а вста́ю в семь. 나는 11시에 잠자리에 들고 7시에 일어나다.
3) 능력
· Она хорошо́ говори́т по-англи́йски, по-францу́зски и по-ру́сски. 그녀는 영어, 프랑스어, 러시아어도 잘 말할 줄 안다.
4) 일반적인 사실
· Росси́я явля́ется са́мой большо́й страно́й в ми́ре. 러시아는 세계에서 가장 큰 나라이다.
5) 가까운 미래
· Сего́дня по́сле экза́мена я иду́ в кино́. 오늘 시험 후에 나는 영화관에 갈 것이다.

3. 미래시제에서의 상

불완료상 동사	완료상 동사
미래시제의 단순한 행위	미래 완결에 대한 강한 의지
· **Я бýду повторя́ть** тéксты в выходны́е дни. 나는 주말에 본문들을 복습할 것이다.	· **Я повторю́** тéксты в выходны́е дни. 나는 주말에 본문들을 다 복습할 것이다.

4. 명령형에서의 상

불완료상 동사	완료상 동사
행위를 시작하도록 촉구	일회적 행위 요청
· Что вы молчи́те? **Чита́йте!** 왜 침묵하세요? 읽으세요!	· Да́йте мне, пожа́луйста, ва́шу рýчку. 당신의 펜을 나에게 주십시오.
일반적인 초청 표현	집요한 부탁이나 명령
· Приходи́те к нам вéчером. 저녁에 저희 집에 오세요.	· Пройди́те в кóмнату и ся́дьте. 방에 들어와 앉으세요.

5. 동사원형에서의 상

일부 동사들을 뒤에 한 가지 동사 상하고만 함께 사용된다.

행위의 시작, 계속, 종료를 의미하는 동사 + 불완료상 동사					
불완료상	완료상	의미	불완료상	완료상	의미
начина́ть	нача́ть	시작하다	конча́ть	кóнчить	끝내다
продолжа́ть	продóлжить	계속하다	броса́ть	брóсить	포기하다

· Пóсле ýжина я нáчал готóвить домáшнее задáние.
저녁 식사 후 나는 숙제를 하기 시작했다.

· Он окóнчил университéт, но продолжáл изучáть англи́йский язы́к.
그는 대학을 졸업했지만 계속해서 영어를 공부하고 있었다.

· Мы ко́нчили обсужда́ть э́тот вопро́с к ве́черу.
우리는 저녁 무렵에서야 이 문제 토론하는 것을 마쳤다.

완료상동사	забы́ть(잊다) успе́ть(할 수 있다) + 완료상 동사 уда́ться(성공하다)

※ 위의 동사들과 대응하는 불완료상 동사 забыва́ть, успева́ть, удава́ться의 뒤에는 의미에 따라 완료상, 불완료상 동사원형 둘 다가 올 수 있다.

· Я забы́л позвони́ть роди́телям. 나는 부모님들께 전화 드리는 것을 잊었다.
· Он успе́л прочита́ть э́ту кни́гу. 그는 이 책을 다 읽는 것을 완수했다.
· Ему́ удало́сь победи́ть в соревнова́ниях. 그는 대회에서 우승할 수 있었다.

6. 부정법에서의 상

과거형	
불완료상 동사	완료상 동사
뜻하지 않은 행위를 부정	당연히 일어났어야 할 행위를 부정
· Я не брал ва́ших книг. 나는 당신 책을 가져가지 않았다.	· Почему́ ты не пришёл вчера́ на ле́кцию? 왜 너는 어제 강의에 오지 않았니?

미래형	
불완료상 동사	완료상 동사
일반적인 미래 행위 부정	현재 또는 미래 성과의 불가능성
· Она́ не бу́дет помога́ть мне. 그녀는 나를 도와주지 않을 것이다.	· Он не реши́т э́тот вопро́с. 그는 이 문제를 풀지 못할 것이다.

명령형	
불완료상 동사	완료상 동사
짧은 일회적인 행위	불시에 일어날 수 있는 일에 대한 한 번의 경고
· Не открыва́йте, пожа́луйста, о́кна. 창문을 열지 마세요.	· Не забудь запере́ть дверь. 문 잠그는 것을 잊지 마세요.
행위를 하지 않도록 요청	바람직하지 않는 행위를 경고
· Не говори́ никому́ об э́том. 이것에 대해 아무에게도 말하지 마.	· Не скажи́ случа́йно кому́-нибудь об э́том. 우연이라도 이것에 대해 아무에게도 말하지 않도록 해.

ЗАДАНИЯ

1. 주어진 동사들 중에서 올바른 상을 골라 문장을 완성해보세요.

1) Она перестала _________ ему письма.	писать - написать
2) Отец начал _________ дом этим летом.	строить - построить
3) Где вы научились хорошо _________?	готовить - приготовить
4) Мы закончили ________ наши чемоданы.	собирать - собрать
5) Папа научил меня _________ на гитаре.	играть - сыграть
6) Почему ты не бросишь _________?	курить - покурить
7) Не нужно это сто раз _________!	повторять - повторить

8) Не стоило _________ эту книгу!	покупать - купить
9) Не зачем так _________!	кричать - закричать
10) Не хорошо так _________!	поступать - поступить

2. 올바른 동사 상을 골라 문장을 완성해보세요.

1) Я сумел _____________ все слова.	учить - выучить
2) Мне удалось _____________ этот текст.	переводить - перевести
3) Мне посчастливилось _____________ экзамен.	сдавать - сдать
4) Я успею _____________ это задание.	выполнять - выполнить
5) Надо ____________ к бабушке каждые выходные.	приехать - приезжать
6) Мне удастся _____________ ту редкую книгу.	находить - найти
7) Директор решил не __________ встречу на завтра.	переносить - перенести
8) Он забыл _____________ сложную задачу.	решать - решить
9) Помогите, пожалуйста! Мне нужно ________ визу.	оформлять - оформить
10) Официант! Мы хотим _____________ ужин.	заказывать - заказать

3. 다음 보기와 같이 문장 속 동사를 명령형으로 바꾸어보세요.

<보기>	
Не надо открывать окно.	Надо открыть окно.
→ Не открывай(те) окно!	→ Открой(те) окно!

1) Не стоит писать на столе.
→ ________________________.

2) Нужно говорить точно и быстро.
→ ________________________.

3) Не надо снимать куртку.
→ ________________________.

4) Надо переписать все предложения в тетрадь.
→ ________________________.

5) Не нужно мне ничего дарить.
→ ________________________.

6) Вам надо рассказать об этом.
→ ________________________.

7) Не зачем читать эту книгу.
→ ________________________.

8) Не надо покупать дорогие подарки.
→ ________________________.

9) Здесь нельзя курить.
→ ________________________.

10) Вам надо принять лекарства.
→ ________________________.

4. 다음 문장 속 명령형을 보기와 같이 바꾸어보세요.

<보기>
Напиши ей письмо!
→ Нет, не пишите!

1) Включите компьютер!
→ ____________________!

2) Дай ему этот журнал!
→ ____________________!

3) Спуститесь вниз!
→ ____________________!

4) Разбуди меня рано!
→ ____________________!

5) Разрешите ему слушать лекцию!
→ ____________________!

6) Реши задачу!
→ ____________________!

7) Переведи эту главу!
→ ____________________!

8) Выучите новые слова!
→ ____________________!

9) Перепиши это упражнение!
→ ____________________!

10) Откройте книги!
→ ____________________!

ПЕРЕВОД

맹세

언젠가 여름에 나는 정원으로 갔다. 나는 재미있는 책을 가지고 가서 독서에 몰두해 있어 저녁이 된 것을 깨닫지 못했다. 책 읽는 것이 완전히 힘들게 되었을 때, 나는 책을 덮고는 일어나서 출구로 갔다. 나는 수풀에서 누군가가 우는 소리를 들었다. 거기에는 약 7-8살 가량의 작은 소년이 서있었고 크게 울고 있었다.

- 애야, 무슨 일 있니?
- 아무것도 아니에요.
- 집으로 가도록 해라. - 나는 그에게 말했다. - 자 봐, 이미 늦었단다.
- 갈 수 없어요.
- 어째서? 왜? 무슨 일 있니?
- 저는 보초병이에요. - 그는 말했다. - 우리는 놀이를 하고 있어요.
- 무엇을 하는 보초병? 어떤 보초병이니? 너는 누구와 놀이를 하고 있니?

소년은 잠시 침묵을 하더니 한숨을 쉬고는 말했다:

- 저는 벤치에 앉아 있었어요. 그런데 여기로 어떤 큰 아이들이 다가오더니 말했어요: “전쟁놀이 하고 싶지 않니?” 나는 대답했어요: “하고 싶어.” 놀이를 시작했어요. 한 큰 소년이 나를 여기로 부르더니 말했어요: “너는 보초병이 될 거야. 여기에 서 있어.” 저는 말했어요: “좋아.” 그러자 그가 말했어요: “떠나지 않겠다고 맹세를 하도록 해.” 그래서 나도 말했어요: “떠나지 않겠다고 맹세해.” 그렇게 했어요. 계속 서 있었어요, 그런데 그들은 오지 않아요.

나는 벌써부터 웃고 싶었지만, 그 뒤에 여기에는 아무런 우스운 것이 없다는 것과 소년은 아주 정직하다는 생각이 들었다. 맹세를 했기 때문에 그렇게 서있어야만 했던 것이다. 이것이 놀이이든 놀이가 아니든 마찬가지인 것이다.

- 너는 무엇을 할 거니? - 나는 그에게 말했다.
- 모르겠어요. - 소년은 말하면서 다시 울기 시작했다.

나는 그를 매우 돕고 싶었다. 그때 갑자기 나에게 행복한 생각이 들었다. 나는 소년을 맹세로부터 자유롭게 해 줄 필요가 있고, 이것은 군인만이 할 수 있다는 것을 생각해냈다. 군인을 찾아야만 했다. 나는 군인이 옆을 지나가기를 오랫동안 기다렸다. 하지만 한 사람도 거리에는 보이지 않았다.

나는 갑자기 정류장에서 사령관 모자를 보았다. 나는 군인에게로 달려가서 팔을 잡고는 외치기 시작했다:

- 소령님! 잠시 만요! 잠시 기다려주십시오!

그는 돌아보고는 놀라서 나를 쳐다보면서 말했다.

- 무슨 일입니까?

- 여기, 정원에 소년이 서 있습니다. 그는 떠날 수가 없습니다. 그는 맹세를 했어요. 그는 매우 어립니다. 그는 울고 있어요. - 나는 그에게 무슨 일이 있었는지 더 상세하게 설명했고, 그는 즉시 말했다:

- 갑시다, 갑시다. 당연히 해야죠. 당신은 왜 즉시 나에게 말하지 않았습니까?

어둠 속에서 우리는 하얀 작은 집을 찾았다. 소년은 서 있었고 조용히 울고 있었다. 사령관을 보고 난 뒤 소년은 자세를 똑바로 하고는 차렷 자세를 취하였다.

- 보초병, - 사령관이 말했다. - 자네에게 위임받은 초소에서 떠날 것을 명령하네.

- 알겠습니다. 소령님. 명령하신대로 초소를 떠나겠습니다.

- 잘했어. 자네는 진정한 군인이 될 거네. 잘 가게.

나는 그의 작은 주근깨 코를 보면서 그가 실제로 아무것도 두려워하지 않는다고 생각했다. 그렇게 강한 의지와 그렇게 강한 약속을 가진 소년은 어둠을 두려워하지 않는 것이다. 나는 이 소년과 알게 된 것이 나를 매우 즐겁게 해주었다고 생각했다.

(по рассказу Л.И. Пантелеева)

MEMO

7 Урок

-ся 동사 용법

Гла́вная ба́шня Кремля́

ПОЧИТАЕМ

Гла́вная ба́шня Кремля́

Гла́вная ба́шня Кре́мля 350 лет наза́д получи́ла и́мя Спа́сской.

Возведённая в 1491 году архите́ктором Пье́тро Анто́нио Сола́ри, ба́шня первонача́льно называ́лась Фроло́вской, потому́ что неподалёку в Кремле́ располага́лась це́рковь Фро́ла и Лавра́.

16 апре́ля 1658 го́да царь Алексе́й Миха́йлович приказа́л называ́ть ба́шню Спа́сской. Но́вое назва́ние бы́ло свя́зано с ико́ной, располага́вшейся над воро́тами со стороны́ Кра́сной пло́щади. Сама́ ико́на не сохрани́лась, но ме́сто, где она́ висе́ла, хорошо́ мо́жно уви́деть.

Воро́та Спа́сской ба́шни, выходя́щие на Кра́сную пло́щадь, всегда́ были́ гла́вным въездом в Кремль. Они́ служи́ли для вы́ездов царя́, торже́ственных вы́ходов патриа́рха, встреч иностра́нных посло́в. Их почита́л наро́д, и э́ти воро́та счита́лись святы́ми.

В сове́тские времена́ Спа́сские воро́та испо́льзовались как рабо́чий въезд автотра́нспорта в Кремль. Но середи́не 90-х годо́в 20 ве́ка они́ были́ закры́ты, потому́ что движе́ние ма́шин меша́ло прогу́лкам тури́стов по Кра́сной пло́щади. С тех пор Спа́сские воро́та открыва́ются для прое́зда в Кремль в исключи́тельных слу́чаях.

В да́вние ве́ка воро́та ба́шни закрыва́лись специа́льными желе́зными решётками. Если враг проника́л внутрь, решётки опуска́лись и враг был за́перт. Его́ обстре́ливали све́рху. Из воро́т стре́льницы опуска́лись подъёмные мосты́.

В 17 ве́ке к Спа́сским воро́там че́рез ров был переки́нут ка́менный мост на а́рках, на кото́ром шла оживле́нная торго́вля.

На Спа́сской ба́шне нахо́дятся та́кже гла́вные часы́ страны́ - кремле́вские кура́нты. Пе́рвые часы́ на Спа́сской ба́шне были́ устано́влены задо́лго до 1707 го́да.

По настоя́щее вре́мя кура́нты на Спа́сской ба́шне - по́длинные механи́ческие часы́, сло́жный музыка́льный механи́зм кото́рых ка́ждые шесть часо́в поочере́дно исполня́ет Гимн Росси́и и "Сла́вься".

В 50-х года́х 17 ве́ка на верши́не гла́вной ба́шни Кремля́ помести́ли герб Росси́йского госуда́рства - двугла́вый орёл. По́зже подо́бные гербы́ установи́ли на са́мых высо́ких ба́шнях - Нико́льской, Тро́ицкой и Борови́цкой.

Одна́ко в 1935 году́ ца́рского орла́ на Спа́сской ба́шне смени́ла пе́рвая пятиконе́чная звезда́. Двумя го́дами по́зже на Спа́сской ба́шне, а та́кже на Нико́льской, Борови́цкой и Тро́ицкой появи́лись кра́сные звёзды, ста́вшие си́мволом сове́тской эпо́хи.

Разма́х кры́льев кра́сной звезды́ на Спа́сской ба́шне составля́ет 3 ме́тра 75 сантиме́тров. Внутри́ звезды́, кото́рая враща́ется от ве́тра как флю́гер, круглосу́точно гори́т ла́мпа мо́щностью 5000 ват.

Высота́ ба́шни до звезды́ в совреме́нном ви́де составля́ет 67 ме́тров. Высо́та Спа́сской ба́шни со звездо́й - 71 метр.

(по материалам статьи РИА Новости)

СЛОВА И ВЫРАЖЕНИЯ

ба́шня	탑	меша́ть	방해하다
архите́ктор	건축가	прогу́лка	산책, 산보
возведённый	세운, 건립, 건축한	решётка	격자모양
первонача́льно	최초에, 처음에	проника́ть	통과, 관통하다
неподалёку	멀지않은 곳에	опуска́ться	내려오다, 내리다
располага́ться	장소를 차지하다	заперто́й	막힌, 폐쇄된
приказа́ть	명령하다	обстре́ливать	사격, 발포하다
ико́на	성상화, 이콘	стре́льница	사격하는 장소
автотра́нспорт	자동차 운송	ров	성을 둘러싼 못, 개천
движе́ние	움직임	переки́нутый	(다리 등이)놓여진
въе́зд	입구, 타고들어가는곳	а́рка	아치
вы́езд	출구, 타고나오는곳	оживлённый	생기넘친, 원기있는
царь	황제	торго́вля	장사, 무역
почита́ть	존중, 존경하다	по́длинный	믿을만한, 확실한
патриа́рх	총대주교	герб	(국가의) 문장
торже́ственный	장엄한	механи́зм	기계장치, 기구
посо́л	대사	поочерёдно	번갈아, 차례차례
свято́й	신성한, 성스러운	исполня́ть	실행, 수행하다

в сове́тские времена́	소비에트 시기에
в середи́не 90-х годо́в 20 ве́ка	20세기의 90년대 중반에
подъёмный мост	도개교(배가 지나갈 때, 다리가 한쪽 또는 양쪽으로 들어 올려져 통행이 가능하도록 만든 다리)
кремлёвские кура́нты	끄레믈린 음악시계
задо́лго до 1707 го́да	1707년 보다 훨씬 이전에
по настоя́щее вре́мя	현재에
механи́ческие часы́	기계식 시계
пятиконе́чная звезда́	5각 별
Разма́х кры́льев составля́ет	날개의 크기는 ~에 달한다
с тех пор	그때부터

Вопросы к тексту

А. Ответьте на вопросы.

1. Как называется текст?
2. О чём рассказывается в тексте?
3. Какую башню называют главной?
4. Когда и почему эта башня получила свое название?
5. Как использовали ворота Спасской башни в прошлом и сейчас?
6. Что такое кремлёвские куранты?
7. Какие мелодии исполняют часы на Спасской башне?
8. Что находилось на вершине башни в прошлом и в настоящее время?
9. Опишите размеры Спасской башни.
10. Расскажите о Москве. Какие достопримечательности города вы знаете?

Б. Сделайте письменный пересказ текста.

В. Переведите текст на корейский язык.

ГРАМАКТИКА

러시아어에서 -ся를 가진 동사들이 많은 데, -ся 형태는 원래 재귀대명사 себя의 고대 대격 단어미 형태였지만 시간이 지나면서 동사와 한 단어로 융합되었다. 자음으로 끝나는 동사 뒤에서는 -ся, 모음으로 끝나는 동사 뒤에서는 -сь로 쓰인다.
소사 -ся는 다음과 같이 몇 가지 용법으로 사용된다.

1. 순수 재귀 의미
소사 -ся는 타동사에 붙어 재귀의 의미를 부여하여 자동사로 만든다. 여기서 -ся는 재귀대명사 себя의 의미와 유사하며, 동사의 행위는 행위자 자신에게 향하는 것을 나타낸다.

타동사	자동사	의미
мыть	мы́ться	씻다
умыва́ть	умыва́ться	세수하다
купа́ть	купа́ться	목욕하다
одева́ть	одева́ться	옷을 입다
раздева́ть	раздева́ться	옷을 벗다
причёсывать	причёсываться	머리를 빗다
брить	бри́ться	면도하다

※ 다음을 비교해 보세요.

타동사	자동사
· Мать **одева́ет** ребёнка. 어머니는 아기에게 옷을 입힌다.	· Мать **одева́ется.** 어머니는 옷을 입는다.
· Мать **причёсывает** сестру́. 어머니는 동생의 머리를 빗어준다.	· Мать **причёсывается**. 어머니는 머리를 빗는다.
· **Я мо́ю** ру́ки. 나는 손을 씻는다.	· **Я мо́юсь.** 나는 씻는다.

※ 유의 사항

소사 -ся가 재귀의 의미를 부여하지 못하는 동사들도 있다. 이러한 동사들은 재귀를 표현하기 위해서는 재귀 대명사 себя́와 함께 사용되어야 한다.

· знать себя́ — 자신을 알다
· люби́ть себя́ — 자신을 사랑하다
· ви́деть себя́ в зе́ркале — 거울에서 자신을 보다

2. 상호 재귀 의미

소사 -ся는 타동사에 붙어 상호의 의미를 부여하여 둘 이상의 사람들이 함께 어떠한 행위를 하는 것을 나타낸다. 보통 전치사 'с + 조격'과 함께 사용된다.

타동사	자동사		의미
	불완료상 동사	완료상 동사	
встреча́ть-встре́тить	встреча́ть**ся**	встре́тить**ся**	만나다
ви́деть-уви́деть	ви́деть**ся**	уви́деть**ся**	보다
знако́мить-познако́мить	знако́мить**ся**	познако́мить**ся**	알게되다
догова́ривать-договори́ть	догова́ривать**ся**	договори́ть**ся**	약속하다
перепи́сывать-переписа́ть	перепи́сывать**ся**	переписа́ть**ся**	편지를 주고 받다
интересова́ть-заинтересова́ть	интересова́ть**ся**	заинтересова́ть**ся**	흥미를갖다
обнима́ть-обня́ть	обнима́ть**ся**	обня́ть**ся**	포옹하다

※ 다음을 비교해 보세요.

타동사	자동사
· Он **встре́тил** друзе́й. 그는 친구들을 만났다.	· Он **встре́тился** с друзья́ми. 그는 친구들과 (함께)만났다.
· Я её давно́ не **ви́дел**. 나는 그녀를 오랫동안 보지 못했다.	· Мы давно́ не **ви́делись.** 우리는 오랫동안 만나지 못했다.
· Моя́ подру́га **познако́мила** меня́ со своéй семьёй. 나의 친구는 나를 자신의 가족에게 소개시켰다.	· **Я познако́милась** с семьёй подру́ги. 나는 친구의 가족과 서로 인사를 나누었다 (알게 되었다).

※ 유의 사항

어떤 동사들은 소사 **-ся**를 가지지 않고도 상호의 의미를 가지는 동사들도 있다.

· разгова́ривать с + 조격 ~와 이야기하다
· дружи́ть с + 조격 ~와 친하게 지내다

어떤 동사들은 다른 어결합과 결합하여 상호의 의미를 가지는 동사들도 있다.

· люби́ть друг дру́га 서로 사랑하다
· уважа́ть друг дру́га 서로 존경하다
· помога́ть друг дру́гу 서로 돕다
· забо́титься друг о дру́ге 서로 염려하다
· наде́яться друг на дру́га 서로 기대하다
· интересова́ться друг дру́гом 서로 흥미를 갖다

3. 수동 의미

소사 **-ся**는 불완료상 동사에 붙어 수동의 의미를 부여하여 수동문을 만든다. 이때 수동 구문에서 실제 행위자는 조격 형태로 나타난다.

능동문	수동문
· Эти рабо́чие **стро́ят** на́ше зда́ние. 이 노동자들이 우리 건물을 짓고 있다.	· На́ше зда́ние **стро́ится** э́тими рабо́чими. 우리 건물은 이 노동자들에 의해 지어진다.
· На́ша гру́ппа **выполня́ет** план. 우리 그룹은 계획을 수행하고 있다.	· План **выполня́ется** на́шей гру́ппой. 계획은 우리 그룹에 의해 수행된다.
· Инжене́р **создаёт** прое́кт. 기술자는 기획을 만든다.	· Прое́кт **создаётся** инжене́ром. 기획은 기술자에 의해 만들어진다.

※ 유의 사항

능동문은 수동문으로 바꿀 수 있는데, 능동문에 불완료상 동사가 사용될 경우에는 소사 **-ся**를 가진 수동문으로, 완료상 동사가 사용될 경우에는 피동형동사 단어미로 사용된다.

· Худо́жник **написа́л** карти́ну. → Карти́на **напи́сана** худо́жником.
· Карти́на **напи́сана** худо́жником. → Худо́жник **написа́л** карти́ну.

4. 무인칭문

소사 **-ся**는 타동사뿐 아니라 자동사에도 붙어 무인칭문을 만든다. 두인칭 동사들은 일반적으로 행위자의 의지와 관계없이 발생하는 상태를 나타내거나, 덜 명확한 생각이나 소망을 나타낸다. 무인칭문에서 행위자는 여격으로 나타난다.

인칭문	무인칭문
· Но́чью я **не спал.** 밤에 나는 잠을 자지 않았다.	· Но́чью мне **не спало́сь.** 방에 잠이 오지 않았다.
· **Я хочу** пое́хать за́ город. 나는 교외로 가고 싶다.	· Мне **хо́чется** пое́хать за́ город. 나는 교외로 가고 싶은데.
· **Я ду́маю**, что э́то реше́ние непра́вильно. 나는 이 결정이 옳지 않다고 생각한다.	· Мне **ду́мается**, что э́то реше́ние непра́вильно. 내 생각으로는 이 결정이 옳지 않은 것으로 여겨진다.

5. 기타 의미

소사 **-ся**가 타동사와 결합해도 앞에서 언급한 재귀, 상호, 수동의 의디를 가지지 않는 경우도 있다.

① 사람 또는 사물의 상태, 위치, 움직임의 변화를 나타내는 동사들:

изменя́ться	바뀌다, 변화되다	дви́гаться	움직이다
поднима́ться	오르다	спуска́ться	내려가다
возвраща́ться	돌아오다	распространя́ться	퍼지다
улучша́ться	향상되다	ухудша́ться	악화되다
увели́чиваться	증대하다	уменьша́ться	감소하다
уси́ливаться	강해지다	ослабля́ться	약해지다
ускоря́ться	빨라지다	замедля́ться	늦어지다

타동사	자동사
· Лече́ние **улу́чшило** состояние больно́го. 치료는 환자의 상태를 호전시켰다.	· Состояние больно́го **улу́чшилось**. 환자의 상태는 호전되었다.
· Тури́сты **измени́ли** свой путь. 관광객들은 자신들의 길을 변경했다.	· Путь тури́стов **измени́лся**. 관광객들의 길은 변경되어졌다.
· Он **возвраща́ет** свой долг. 그는 자신의 의무를 반환한다.	· Долг **возвраща́ется**. 의무는 반환되어진다.

② 감정을 나타내는 동사들:

ра́доваться	기뻐하다	печа́литься	슬퍼하다
весели́ться	즐거워하다	волнова́ться	흥분하다
удивля́ться	놀라다	трево́житься	불안해하다
восхища́ться	감탄하다	серди́ться	화내다
интересова́ться	흥미를 갖다	беспоко́иться	근심하다

타동사	자동사
· Де́ти **ра́дуют** мать. 아이들은 어머니를 즐겁게 한다.	· Мать **ра́дуется**. 어머니는 즐거워하고 있다.
· Меня́ **волну́ет** э́та пробле́ма. 이 문제가 나를 불안하게 만든다.	· **Я волну́юсь**. 나는 흥분하고 있다.
· Всех **удивля́ют** его́ успе́хи. 그의 성공은 모든 사람들을 놀라게 한다.	· Все **удивля́ются** его́ успе́хам. 모든 사람들이 그의 성공을 놀라워하고 있다.

③ 행위의 시작, 계속, 종료를 나타내는 동사들:

начина́ться	기뻐하다	продолжа́ться	계속하다
конча́ться	끝나다	прекраща́ться	그치다

타동사	자동사
· Профе́ссор **нача́л** ле́цию. 교수님은 강의를 시작하셨다.	· Ле́кция **начала́сь**. 강의는 시작되었다.
· Мы **продолжа́ем** занима́ться. 우리는 계속해서 공부하고 있다.	· Заня́тия **продолжа́ются**. 수업은 계속되고 있다.
· Студе́нты **ко́нчили** сдава́ть экза́мены. 학생들은 시험을 끝마쳤다.	· Кани́кулы **ко́нчились**. 방학은 끝났다.

ЗАДАНИЯ

1. 보기와 같이 주어진 문장들을 재귀대명사 -**ся**를 활용하여 바꾸어보세요.

<보기>
· Мама умывает ребёнка. → Ребёнок умывается.

1) Сестра причесала себя и пошла завтракать.

→ ____.

2) Он готовит свой экзамен.

→ ____________________________________.

3) Я долго не спал.

→ ___________________________.

4) Меня не радует это.

→ ___________________________.

5) Я мою руки.

→ ______________________________.

6) Папа купает сына.

→ _____________________________.

7) Я вытираю себя.

→ _____________________________.

8) Бабушка раздевает внука.

→ ______________________________________.

9) Друзья обняли друг друга.

→ ____.

10) Родители встретили друг друга.

→ ____.

2. 보기와 같이 능동태 문장을 수동태 문장으로 바꾸어보세요.

<보기>

· Дом строят рабочие. → Дом строится рабочими.

1) Художник пишет портрет.

→ ___________________________________.

2) Эту работу выполняет новый мастер.

→ ____.

3) Великий скульптор создал эту статую.

→ ____.

4) Пётр I основал Санкт-Петербург.

→ ____.

5) Она оглядела себя.

→ ______________________________________.

6) Солнце освещает квартиру.

→ ______________________________________.

7) Строители выполняют план.

→ ____________________________________.

8) Наша группа обсуждает эту проблему.

→ ____.

9) Мэр города откроет новый музей.

→ ____.

10) Профессор закончил лекцию.

→ _______________________________________.

3. 보기와 같이 수동태 문장들을 능동태 문장으로 바꾸어보세요.

<보기>
· Статья, написанная журналистом, ...
→ Журналист, написавший статью, ...

1) Роман, написанный знаменитым писателем, ...

→ ____.

2) Здание, спроектированное этим архитектором, ...

→ ____.

3) Памятник, возведённый прекрасным скульптором, ...

→ ____.

4) Картина, написанная талантливым художником, ...

→ ____.

5) Дом, построенный рабочими, ...
→ ____.

6) Задача, решённая мальчиком, ...
→ ____.

7) Экзамен, сданный студентом, ...
→ ____.

8) Проект, разработанный главным редактором, ...
→ ____.

9) Соревнования, выигранные нашими спортсменами, ...
→ ____.

10) История, рассказанная моей бабушкой, ...
→ ____.

4. 보기와 같이 주어진 문장들의 구조를 바꾸어보세요.

<보기>

· Он всеми любим. → Все его любят.

1) Неизвестный остров видим вдалеке.
→ ____.

2) Это событие хранимо людьми в их памяти.
→ ____.

3) Этот кофе поставляем известным производителем.
→ ____.

4) Ученик всю жизнь ведом своим учителем.
→ ____.

5) Этот человек никем не выносим.

→ ____.

6) Облака гонимы сильным ветром.

→ ____.

7) Эта проблема изучаема многими учёными.

→ ____.

8) Этот политик сильно критикуем оппозицией.

→ ____.

9) Наш дедушка всеми уважаем.

→ _____________________________________.

10) Здание охраняемо полицией.

→ ______________________________________.

ПЕРЕВОД

끄레믈린의 중요한 탑

끄레믈린의 중요한 탑은 350년 전에 스빠스까야라는 이름을 받았다.

건축가 피에트로 안토니오 솔라리에 의해 1491년에 세워진 탑은 맨처음에 프롤로프스까야로 불리었었는데, 그것은 끄레믈린 근처에 프로라와 라브라교회가 위치해있었기 때문이었다.

1658년 4월 16일에 황제 알렉세이 미하일로비치는 탑을 스빠스까야로 부르라고 명령했다. 새 이름은 붉은 광장 측에서 출입문들 앞에 위치해있던 성상화와 관련이 있었다. 성상화 자체는 보존되어 있지 않지만, 그것이 걸려있었던 자리는 잘 볼 수 있다.

붉은 광장으로 향하고 있는 스빠스까야 탑의 출입문은 항상 끄레믈린으로 들어가는 주요 입구였다. 출입문들은 황제들의 외출, 총대주교의 장엄한 등장, 외국인 대사들의 만남을 위해 사용되었다. 국민들은 그것들을 숭배했고, 이 문들은 신성한 것으로 여겨졌다.

소련 시절에 스빠스까야 문들은 끄레믈린으로 자동차 운송을 위한 작업 입구로 이용되었다. 하지만 20세기 90년대 중반에 문들은 폐쇄되었는데, 자동차들의 이동이 붉은 광장에서 산책하는 관광객들에게 방해가 되었기 때문이었다. 그때부터 스빠스까야 문들은 예외적인 경우들에서 끄레믈린으로 통과하기 위해 열리곤 한다.

이전 세기에는 탑의 문들은 특수한 철제 격자로 잠기었었다. 만일 적들이 내부로 침투하면, 격자들이 내려가서 적은 포위되었다. 위에서 적에게 사격을 가했다. 사격하는 장소의 문들에서 도개교가 내려졌다.

17세기에 성을 둘러싼 못을 지나 스빠스까야 문들로 아치형의 돌다리가 놓여져 있었는데, 거기에서 활발한 무역이 일어났었다.

스빠스까야 탑에도 역시 국가의 중요한 시계인 끄레믈린의 음악 시계가 있다. 스빠스까야 탑에서 첫 번째 시계는 1707년보다 훨씬 이전에 설치되었었다.

현재까지 스빠스까야에 있는 시계는 6시간 마다 교대로 러시아 국가와 "영광"이 연주되는 정밀한 기계식 시계이며, 복잡한 음악 기계이다.

17세기 50년대에 끄레믈린의 중요한 탑의 꼭대기에는 러시아 국가의 문장인 쌍두독수리가 놓여있었다. 그 뒤에 유사한 문장들이 가장 높은 탑들인 니꼴스까야, 뜨로이츠까야와 보로비츠까야에도 설치되었다.

하지만 1935년에 스빠스까야 탑에 황제의 독수리를 첫 번째 5각 별이 대신하게 되었다. 2년이 지난 후에 스빠스까야 탑에, 또한 니꼴스까야, 보로비츠까야와 뜨로이츠까야 탑에도 소련시절의 상징이 되었던 붉은 별들이 나타났다.

스빠스까야 탑에 있는 붉은 별들의 날개의 크기는 3m 75cm에 달한다. 풍향기같이 바람에 의해 회전하는 별들의 내부는 24시간 연속적으로 5000와트 동력의 램프가 점등되고 있다.

현재 형태에서 별까지 탑의 높이는 67미터에 달한다. 별을 포함한 스빠스까야 탑의 높이는 71미터이다.

(по материалам статьи РИА Новости)

8 Урок

능동형동사

Экологи́ческий кри́зис 21 ве́ка

ПОЧИТАЕМ

Экологи́ческий кри́зис 21 ве́ка

Наибо́лее ва́жным вопро́сом эколо́гии пе́рвого десятиле́тия 21 ве́ка, была́ са́ма окружа́ющая среда́.

Занима́ться вопро́сами охра́ны окружа́ющей среды́ ста́ло о́чень мо́дно. С ка́ждым го́дом растёт чи́сло знамени́тых люде́й, кото́рые заявля́ют о необходи́мости спаса́ть на́шу зелёную плане́ту.

Измене́ния кли́мата, создава́емое челове́ком глоба́льное потепле́ние вы́звали мно́го полити́ческий диску́ссий, привлекли́ внима́ние СМИ. Измене́ниями кли́мата озабо́чены все стра́ны, и это действи́тельно глоба́льная экологи́ческая пробле́ма, но до сих пор ма́ло, что сде́лано для её реше́ния.

В пери́од с 1959 по 1999 го́да населе́ние плане́ты вы́росло в дво́е. Согла́сно настоя́щим прогно́зам, к 2040 году́ населе́ние плане́ты соста́вит 9 миллиа́рдов челове́к, что приведёт к о́строй нехва́тке продово́льствия, воды́ и эне́ргии, увели́чится число́ голода́ющих и боле́зней. Из-за перенаселе́ния мо́гут возни́кнуть други́е экологи́ческие пробле́мы.

Населе́ние земно́го ша́ра страда́ет от нехва́тки пре́сной воды́. С увеличе́нием чи́сленности населе́ния кри́зис то́лько уху́дшится. В настоя́щее вре́мя практи́чески ничего́ не де́лается для сохране́ния исто́чников пре́сной воды́.

В после́днее вре́мя мно́го говори́тся об испо́льзовании чисто́й эне́ргии со́лнца. Но проце́нт испо́льзования тако́го ви́да эне́ргии о́чень мал. Во всем ми́ре предпочита́ют привы́чную перерабо́тку не́фти и угля́.

Ка́ждые 20 мину́т на плане́те умира́ет одно́ ди́кое живо́тное. Таки́ми те́мпами к концу́ столе́тия исчéзнет 50% всех живо́тных плане́ты. Вино́й тому́ рост населе́ние плане́ты и глоба́льное потепле́ние. Живо́тные теря́ют свои́ привы́чные места́ обита́ния. Ре́дкие ви́ды живо́тных исчеза́ют по вине́ браконье́ров.

По́сле траге́дии в Черно́быле мир переста́л широко́ испо́льзовать я́дерную эне́ргию. Но прошло́ вре́мя, и интере́с появи́лся вновь. В настоя́щее вре́мя 70% эне́ргии США получа́ет на а́томных электроста́нциях.

Лю́ди обеспоко́ены повсеме́стным испо́льзованием хими́ческих краси́телей и ароматиза́торов в проду́ктах пита́ния. Приба́вьте ко всему́ э́тому генети́чески модифици́рованные сельскохозя́йственные культу́ры, моло́чные и мясны́е проду́кты, содержа́щие антибио́тики и гормо́ны, а та́кже нека́чественное де́тское пита́ние. Не удиви́тельно, что лю́ди ста́ли бо́лее избира́тельны в вы́боре проду́ктов пита́ния.

Пе́рвое десятиле́тие запо́мнилось нам появле́нием но́вых, ра́нее не изве́стных боле́зней, вы́званных о́чень усто́йчивыми ви́русами и бакте́риями, таки́х как пти́чий и свино́й грипп. Попада́я в органи́зм челове́ка, ви́рус прогресси́ровал, и спра́виться с ним не мог ни оди́н антибио́тик. Поэ́тому мно́гие лю́ди поги́бли пре́жде, чем ме́дики смогли́ пригото́вить но́вый акти́вный антибио́тик. Экологи́ческие пробле́мы, при́знанные и широко́ озву́ченные учёными, тре́буют их неме́дленного реше́ния. Пока у земли́ есть шанс вы́жить...

(по материалам сайта bidrealty.ru)

СЛОВА И ВЫРАЖЕНИЯ

эколо́гия	생태학	чи́сленность	수, 수량
охра́на	보호, 방어	сохране́ние	보존, 유지
знамени́тый	유명한, 저명한	исто́чник	샘, 수원, 원천
заявля́ть	성명, 선언하다	предпочита́ть	~를 더 선호하다
необходи́мость	필요, 필수, 필연성	привы́чный	습관적인
спаса́ть	구원, 구출하다	перерабо́тка	재개조, 가공
полити́ческий	정치적인	нефть	석유
диску́ссия	토론, 심의	у́голь	석탄
привлека́ть	마음을 끌다	теря́ть	상실하다, 잃다
озабо́чен	근심, 우려하고 있는	обита́ние	사는 곳, 주거지
прогно́з	예상, 예측	браконье́р	밀렵꾼
населе́ние	인구	исчеза́ть	사라지다, 소멸하다
плане́та	행성, 지구	вновь	다시
нехва́тка	부족, 결핍	электроста́нция	발전소
продово́льствие	식량, 식료품, 양식	краси́тель	물감, 안료
эне́ргия	에너지	ароматиза́тор	향료기, 방향기
голода́ющий	굶주린 사람	антибио́тики	항생물질
перенаселе́ние	인구과잉	гормо́н	호르몬

окружа́ющая среда́	환경
глоба́льное потепле́ние	지구 온난화
в пери́од с 1959 по 1999 го́да	1959년부터 1999년 기간 동안
к 2040 году	2040년 무렵에
земно́й шар	지구
пре́сная вода́	담수
ка́ждые 20 мину́т	매 20분마다
ди́кое живо́тное	야생 동물
яде́рная эне́ргия	핵에너지
генети́чески модифици́рованный	유전자 변형
ви́рус и бакте́рия	바이러스와 박테리아

Вопросы к тексту

А. Ответьте на вопросы.

1. Как называется текст?
2. О чём рассказывается в тексте?
3. Что такое экологический кризис?
4. Какие экологические проблемы встали перед миром в 21 веке?
5. К чему приведет рост численности населения?
6. Какие энергетические проблемы встали перед планетой?
7. Почему люди беспокоятся в выборе продуктов питания?
8. Почему гибнут животные, населяющие планету?
9. Почему люди не могут перенести новые заболевания?
10. Расскажите о том, как можно спасти нашу планету от гибели.

Б. Сделайте письменный пересказ текста.

В. Переведите текст на корейский язык.

ГРАМАКТИКА

러시아어 문법에는 동사의 특수한 형태로 동사와 형용사의 성질을 가진 형동사가 있는데, 이것은 능동형동사와 피동형동사로 구분된다. 형동사는 구어체 보다는 문어체에서 주로 사용된다. 형동사는 동사형에서 만들어져 형용사와 같은 형태로 사용되며 동사적 특성과 형용사적 특성을 동시에 가지고 있다.

동사적 특성	형용사적 특성
· 자동사와 타동사를 구별한다.	· 형용사와 같이 какой 물음에 대한 답으로 활용된다.
· 동사와 동일한 격 및 전치사를 요구한다.	· 수식하는 대상의 자질을 나타낸다.
· 동사의 상이 보존되어 있다.	· 성, 수, 격 변화를 한다.
· 현재와 과거 시제가 있으며, 미래 시제는 없다.	· 장어미와 단어미를 가진다.
· 소사 **-ся** 를 가질 수 있다.	· 한정어와 술어 용법으로 사용된다.

형동사 구는 꾸며주는 선행사 앞에도 올 수 있고 뒤에도 올 수 있는데, 만약 선행사 뒤에 놓일 때는 쉼표로 형동사 구문을 구별한다.

· **Друзья́, изуча́ющие ру́сский язы́к в Росси́и, ча́сто пи́шут мне.**
러시아에서 러시아어를 배우고 있는 친구들은 자주 나에게 편지를 쓴다.

1. 능동형동사 현재형

능동형동사는 불완료체 동사에서만 만들어지며, 3인칭 복수 현재형 어미의 마지막 **-т**를 제거하고 **-щий(-ся**형의 동사에서는 **-щийся)**를 붙인다.

		장어미	단어미
능동형동사	현재	**-щий, -щийся**	×
	과거	**-вший, -вшийся / -ший, -шийся**	×

· Ⅰ식 동사변화형: **-ющий(-ющийся), -ущий(-ущийся)**
· Ⅱ식 동사변화형: **-ящий(-ящийся), -ащий(-ащийся)**
· **ж, ч, ш, щ** 뒤: **-ящий** → **-ащий**

	동사원형	3인칭복수형	능동형 동사 현재	
I 식 동사	чита́ть	чита́-ют	чита́-**ющий**	읽고 있는
	рабо́тать	рабо́та-ют	рабо́та-**ющий**	일하고 있는
	писа́ть	пи́ш-ут	пи́ш-**ущий**	쓰고 있는
	занима́ться	занима́-ются	занима́-**ющийся**	일하고 있는
II 식 동사	говори́ть	говор-я́т	говор-**я́щий**	말하고 있는
	смотре́ть	смо́тр-ят	смотр-**я́щий**	보고 있는
	служи́ть	слу́ж-ат	слу́ж-**ащий**	근무하고 있는
	учи́ться	у́ч-атся	уч-**а́щийся**	배우고 있는

· Я зна́ю челове́ка, **говоря́щего** на семи́ языка́х.
나는 7개 국어를 말하는 사람을 알고 있다.

· Мне нра́вится молодо́й челове́к, **рабо́тающий** в на́шей фи́рме.
나는 우리 회사에서 일하는 청년이 마음에 든다.

· Комите́ту, **присужда́ющему** пре́мии в о́бласти литерату́ры, бы́ло тру́дно вы́брать лауреа́та.
문학 영역에서 상을 수여하는 위원회는 수상자를 선별하는 것이 힘들었다.

※ 유의사항
제귀 동사의 형동사는 -ся 앞에 모음이 와도 -сь가 되지 않고 -ся가 된다.
· учи́ться - уч-а́щийся, учи́-вшийся

2. 능동형동사 과거형
능동형동사 과거형은 완료상 동사, 불완료상 동사 모두에서 만들어 질 수 있다. 남성 과거 어미 -л을 가지는 동사는 -л를 제거하고 어미 -вший(-вшийся)를 붙이고, -л을 가지지 않는 동사는 -ший(-шийся)를 붙이다.

	동사원형	과거형	능동형동사 과거형	
-л	читáть(불)	читá-л	читá-**вший**	읽은
	прочитáть(완)	прочитá-л	прочитá-**вший**	다읽은
	занимáться(불)	занимá-лся	занимá-**вшийся**	종사한
-×	нести(불)	нёс	нёс-**ший**	가져온
	принестѝ(완)	принёс	принёс-**ший**	다가져온
	привы́кнуть(완)	привык	привык-**ший**	익숙해진

· Мы читáем статью́ об учёном, **получѝвшем** Нóбелевскую прéмию.
우리는 노벨상을 받은 학자에 대한 기사를 읽고 있다.

· Студéнт, **отвéтивший** на вопрóс прáвильно, получѝл пятёрку.
정확한 답을 적은 학생은 5점을 받았다.

· Спортсмéнам, **занáвшим** пéрвые местá в соревновáниях, дáли прѝзы.
시합에서 일등을 차지한 운동선수들에게 상을 주었다.

※ 유의사항

1) 재귀동사의 형동사는 -ся 앞에 모음이 와도 -сь가 되지 않고 -ся가 된다.

· смея́ться - смея́вшийся

2) 동사원형이 -ти로 끝나는 동사들은 과거 시제 어간에 자음 -т- 또는 -д- 를 갖는 특수한 형태를 가진다.

동사원형	과거형	능동형동사 과거형
идтѝ	шёл	шéд-ший
вестѝ	вёл	вéд-ший
расцвестѝ	расцвёл	расцвéт-ший
произойтѝ	произошёл	происшéд-ший

ЗАДАНИЯ

1. 다음 단어들을 능동형동사 현재로 만들어보세요.

начинать	начинающий	работать	
изучать		проводиться	
говорить		читать	
получать		любить	
следовать		рисовать	
писать		исследовать	
заканчивать		видеть	
жить		использовать	
смотреть		заниматься	
содержаться		переводить	

2. 다음 문장에서 괄호 속 동사를 보기와 같이 올바른 형동사 형태로 바꾸어보세요.

<보기>

· Журналист, <u>пишущий</u> об этой проблеме, получил премию. (писать)

1) Девушка, __________ рядом, улыбнулась мне. (сидеть)

2) Мой друг, хорошо __________ русский язык, поехал в Санкт-Петербург. (знать)

3) Мы говорили о его пожилых родителях, ________ далеко. (жить)

4) Я читал об учёном, __________ космос. (изучать)

5) Певцы, ____________ поп-музыку, особенно популярны в нашей стране. (исполнять)

6) Мне понравилась актриса, ________ роль шпионки. (играть)

7) Человек, ________ новые пути, может достичь многого. (искать)

8) К людям, __________ влияние в обществе, все прислушиваются. (иметь)

9) Директор, _____________ молодых специалистов, очень надеется на них. (приглашать)

10) Для студентов, _____________ на иностранных языках, много шансов хорошо устроиться. (говорить)

3. 다음 단어들을 능동형동사 과거로 만들어보세요.

начать	начавший	работать	
изучить		проводиться	
говорить		читать	
получить		любить	
писать		нарисовать	
решить		сдать	
закончить		увидеть	
жить		построить	
смотреть		открыть	
закрыть		переводить	

4. 다음 문장에서 괄호 속 동사를 보기와 같이 올바른 형동사 형터로 바꾸어보세요.

<보기>

· Туристы, приехавшие в Москву, посетили Красную площадь и Кремль.(приехать)

1) Студенты, не __________ экзамены, должны прийти в деканат. (сдать)

2) Преподаватель, _____________ тест, был очень строгим к нам. (проводить)

3) Л.Н. Толстой, __________ роман "Анна Каренина", известен во всем мире. (написать)

4) Режиссёр, __________ фильм о войне, получил государственную премию. (снять)

5) Студент, __________ студенческий билет, может записаться в библиотеку. (получить)

6) Архитектор, __________ это здание, имеет большой опыт. (проектироваать)

7) Учёного, _____________ новый эксперимент, пригласили на телевидение. (проводить)

8) Певице, ___________ партию Джульетты, жюри вручили награду. (исполнять)

9) В войне, __________ миллионы жизней, принимало участие почти 40 стран. (унести)

10) Студентам, __________ стажировку в России, была выдана стипендия. (проходить)

ПЕРЕВОД

21세기 생태학 위기

21세기 첫 10년간 생태학의 가장 중요한 문제는 환경 자체였다.

환경 보호 문제들에 종사하는 것은 매우 유행이 되기 시작했다. 매년 우리의 녹색 행성을 구해야하는 필요성에 대해 표명하는 저명한 사람들의 수가 증가하고 있다.

기후 변화, 사람에 의해 만들어진 지구 온난화는 많은 정치적 토론을 야기시켰고, 대중매체의 관심을 끌었다. 모든 국가들이 기후의 변화들에 우려하고 있고, 이것은 실제로 지구 환경문제이지만 지금까지 그것을 해결하기 위해 한 것은 적은편이다.

1959년부터 1999년 기간에 세계의 인구는 두 배로 성장했다. 현재의 예측에 따르면, 2040년 무렵에는 지구의 인구가 90억 명에 달할 것이며, 이것은 양식, 물과 에너지의 심각한 부족을 가져올 것이고, 기아와 질병의 수가 증가될 것이다. 인구 과잉으로 인해 다른 환경 문제들이 발생할 수 있다.

세계 인구가 물 부족으로 고통 받게 된다. 인구수의 증가와 함께 위기는 악화되기만 할 것이다. 현재 실제적으로 물의 원천을 보호하기 위해서는 아무것도 이루어지지 않고 있다.

최근 순수 태양 에너지의 사용에 대해 많이 말하고 있다. 하지만 이런 종류의 에너지 사용 비율은 매우 적은 편이다. 전 세계적으로 석유와 석탄의 일반적인 사용을 선호한다.

지구에는 20분마다 한 마리의 야생 동물이 죽어간다. 그러한 속도로 가면 세기 말 무렵에는 지구의 모든 동물의 50%가 사라지게 된다. 지구의 인구 성정과 지구 온난화가 원인인 것이다. 동물들은 자신들의 익숙한 서식지들을 잃게 된다. 희귀종 동물들은 밀렵꾼들의 잘못으로 사라지고 있다.

체르노빌에서의 참사 이후 세계는 광범위하게 핵에너지 사용을 중단했었다. 하지만 시간이 지나자 관심이 다시 일어났다. 현재 미국의 에너지 70%가 원자력 발전소들에서 가져오고 있다.

사람들은 식료품들에 화학 염료와 향료를 광범위하게 사용하는 것에 대해 우려하고 있다. 이 모든 것에는 유전적으로 변형된 농경 작물들, 항생제와 호르몬을 포함하고 있는 낙농 및 육류 제품들, 또한 질이 좋지 않은 이유식을 추가할 수 있다. 사람들이 식료품들을 선택할 때 더욱 선별하게 되었다는 것은 당연한 일이다.

처음 10년간은 조류독감 및 신종 인플루엔자 같은 매우 강한 바이러스와 박테리아로

야기된 새로운, 이전에 알 수 없는 질병이 나타났던 것을 기억한다. 인체에 있으면서 바이러스는 진행되었고, 어떠한 항생제로도 그것을 처리할 수 없었다. 그리하여 의사들이 새로운 활성 항생제를 만들 수 있기 전에 많은 사람들이 죽어갔다. 학자들에 의해 인식되고 널리 표명된 환경 문제들은 그들의 즉각적인 해결책을 필요로 한다. 지구가 살아남을 수 있는 기회가 있는 동안에...

(по материалам сайта bidrealty.ru)

MEMO

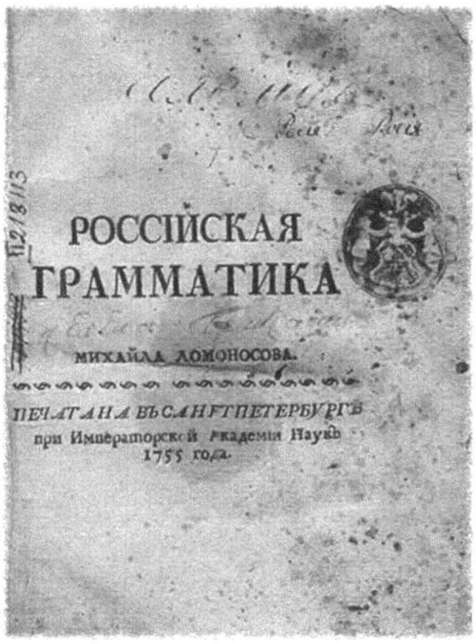

9 Урок

피동형동사

Михаи́л Васи́льевич Ломоно́сов

ПОЧИТАЕМ

Михаи́л Васи́льевич Ломоно́сов

Михаи́л Васи́льевич Ломоно́сов роди́лся 8 ноября́ 1711 го́да в дере́вне в Арха́нгельской губе́рнии в семье́ крестья́нина-рыбака́. Оте́ц был по нату́ре челове́к до́брый. Мать Ломоно́сова умерла́ о́чень ра́но, когда́ Ломоно́сову бы́ло де́вять лет. Пото́м оте́ц был жена́т два ра́за. Для тринадцатиле́тнего Ломоно́сова тре́тья жена́ отца́ оказа́лась "злой и зави́стливой ма́чехой".

Ма́льчик нача́л рабо́тать ра́но. Вме́сте с отцо́м выходи́л в мо́ре, лови́л ры́бу. Это был тяжёлый физи́ческий труд, кото́рый помо́г ему́ стать си́льным и выно́сливым. Лу́чшими моме́нтами в де́тстве Ломоносо́ва были́ его́ поє́здки с отцо́м в мо́ре, оста́вившие в его́ душе́ глубо́кую па́мять.

Ещё от ма́тери Ломоно́сов научи́лся чита́ть и нача́л ра́но тяну́ться к чте́нию. Ра́но он нача́л понима́ть необходи́мость "нау́ки", зна́ния. В 14 лет он гра́мотно и чётко писа́л. Жизнь Ломоно́сова в родно́м до́ме де́лалась невыноси́мой, напо́лненной постоя́нными ссо́рами с ма́чехой. Осо́бенно ожесточа́ла ма́чеху страсть Ломоно́сова к кни́гам. Любо́вь к зна́ниям, тяжёлая обстано́вка в семье́ заста́вили Ломоно́сова оста́вить родно́й дом и отпра́виться в Москву́. Ему́ бы́ло 19 лет. Миха́йло не хоте́л стать рыба́ком, как его́ оте́ц. Жела́ние учи́ться для него́ бы́ло си́льнее всего́ на све́те.

В Москве́ с больши́м тру́дом он поступи́л учи́ться, так как был сы́ном крестья́нина, а крестья́нских дете́й в то вре́мя никуда́ не принима́ли. Учи́лся он в одно́м кла́ссе с ма́ленькими ма́льчиками, кото́рые постоя́нно смея́лись над ним. Не обраща́я внима́ния, он прекра́сно учи́лся. Одновреме́нно Ломоно́сову приходи́лось рабо́тать, так как у него́ не было де́нег для самостоя́тельной жи́зни в го́роде. Твёрдая во́ля, си́льный хара́ктер и огро́мная жа́жда зна́ний помога́ли ему́ преодоле́вать тру́дности. По́сле оконча́ния учёбы Ломоно́сова посла́ли учи́ться в Петербу́рг. Пото́м его́ направи́ли учи́ться за гра́ницу.

Возврати́вшись на ро́дину, молодо́й учёный на́чал рабо́тать в Акаде́мии нау́к в Петербу́рге. Перечи́слить всё, что сде́лал э́тот вели́кий учёный, не возмо́жно. Ему́ принадлежи́т мно́го откры́тий. Ломоно́сов предсказа́л существова́ние а́томов и описа́л, чем они́ отлича́ются от моле́кул. Он доказа́л, что в приро́де ничто́ не исчеза́ет и не появля́ется из ничего́.

Постоя́нно свя́зывая тео́рию с пра́ктикой, он боро́лся за техни́ческий прогре́сс Росси́и. Он помо́г основа́ть пе́рвую хими́ческую лаборато́рию.

Мно́го бы́ло сде́лано Ломоно́совым для разви́тия ру́сского языка́. Он со́здал пе́рвую нау́чную грамма́тику ру́сского язы́ка и пе́рвый уче́бник по ру́сскому язы́ку. Ломоно́сов был вели́ким поэ́том.

По его́ инициати́ве был откры́т МГУ, кото́рый сейча́с но́сит и́мя своего́ основа́теля. Он доби́лся, что́бы туда́ принима́ли и просты́х люде́й. "Ломоно́сов был вели́ким челове́ком. Он со́здал пе́рвый университе́т. Он сам был пе́рвым на́шим университе́том", - так сказа́л о гениа́льном ру́сском учёном А.С. Пу́шкин.

(по материалам книги А.А. Морозова "Ломоносов")

СЛОВА И ВЫРАЖЕНИЯ

рыба́к	어부	кресть́янин	농민
зави́стливый	질투심이 강한	во́ля	의지
ма́чеха	계모, 새어머니	хара́ктер	성격, 특징
лови́ть	잡다	преодолева́ть	이겨내다. 극복하다
моме́нт	순간, 시기, 과정	откры́тие	발견, 개설, 개관
пое́здка	여행	а́том	원자
глубо́кий	깊은	моле́кула	분자
па́мять	기억, 추억	выно́сливый	인내력이 강한, 끈기있는
тяну́ться	늘어나다, 펼쳐지다	тео́рия	이론
губе́рния	현, 현청소재지	прогре́сс	진보, 진척
чётко	정확하게	лаборато́рия	실험실
невыноси́мый	견딜 수 없는	хими́ческий	화학의
напо́лненный	충만한, 가득한	поэ́т	시인
ссо́ра	다툼, 싸움	основа́тель	설립자
ожесточа́ть	모질게 만들다	доби́ться	도달하다, 얻다
страсть	열정, 열렬, 애정	гениа́льный	천재적인, 독창적인
обстано́вка	정세, 환경	физи́ческий	육체적인, 신체적인
самостоя́тельный	독립적인	заста́вить	부득히 ~하게 하다
постоя́нный	지속적인	граммáтика	문법

жа́жда зна́ний	지식에 대한 갈증
Акаде́мия наук	과학 아카데미
по его́ инициа́тиве	그의 주창에 의해서
по нату́ре	천성에 따르면
вме́сте с + кем	~와 함께
отлича́ться от + чего́	~의 차이가 있다, 특색을 지니다
боро́ться за + кого́-что	(달성, 획득, 방어 등을 위하여) 싸우다
свя́зывать с кем-чем	~와 관련이 있다
носи́ть имя + кого́	~의 이름을 따르다
смея́ться над + кем	조소하다

Вопросы к тексту

A. Ответьте на вопросы.

1. Как называется текст?
2. О ком рассказывается в тексте?
3. Кем был Михаил Васильевич Ломоносов?
4. Когда и где он родился?
5. Расскажите о его семье.
6. Какие трудности он испытывал в детстве? Как это ему помогло в будущем?
7. Почему он ушёл из дома? Куда он отправился?
8. В каких областях науки Ломоносов сделал открытия?
9. Что он сделал в области русского языка?
10. Расскажите, как образование может помочь молодым людям в их будущем?

Б. Сделайте письменный пересказ текста.

В. Переведите текст на корейский язык.

ГРАМАКТИКА

피동형동사는 타동사에서 만들어지며 형용사처럼 장어미형과 단어미형이 있다. 형용사와 마찬가지로 장어미형은 정어적 기능을 하면서 수식하는 명사의 성, 수, 격이 일치되어야 하고, 단어미형은 술어의 기능을 하며 성에 일치되어야 한다.

		장어미	단어미
피동형동사	현재	-мый	-м, -ма, -мо, -мы
	과거	-нный, -тый	-н, -на, -но, -ны -т, -та, -то, -ты

· Ⅰ식 동사변화형: -емый, -ая, -ое, -ые
· Ⅱ식 동사변화형: -имый, -ая, -ое, -ые

1. 피동형동사 현재

피동형동사 현재형은 불완료상 타동사의 1인칭 복수형에서 만들어지며 '~되고 있는', '~하여지는' 등의 의미로 쓰인다.

	동사원형	3인칭복수형	피동형동사 현재형	
Ⅰ식 동사	чита́ть	чита́-ем	чита́-**емый**	읽혀지는
	называ́ть	называ́-ем	называ́-**емый**	불려지는
Ⅱ식 동사	люби́ть	люб-и́м	люб-**и́мый**	사랑받는
	руководи́ть	руковод-и́м	руковод-**и́мый**	지도되는
예외	передава́ть	передава́-ем	передава́-**емый**	전달되는
	нести́	нес-о́м	нес-**о́мый**	운반되는

· Андре́й сдал экзаме́ны по всем предме́там, **изуча́емым** в университе́те.
안드레이는 대학에서 배운 전 과목들 시험에 합격했다.

· Студе́нты обсужда́ют о́пыты, **проводи́мые** на заня́тии.
학생들은 수업시간에 실시한 경험들을 논의한다.

· В конце́ртах, **передава́емых** моско́вским ра́дио, большо́е ме́сто занима́ет за́падная му́зыка.
서구의 음악은 모스크바의 라디오로 방송되는 음악회에서 큰 위치를 차지하고 있다.

※ 유의사항

1) -авать형 타동사는 동사원형에서 -ть를 제거하고 만든다.

· дава́ть - дава́емый 받은

· признава́ть - признава́емый 인정되는

· издава́ть - издава́емый 발행되는

2) -ти형 동사들은 접미사 -ом-을 갖는다.

· нести́ - весо́мый 수행되는

· вести́ - ведо́мый 알려진

3) 피동형동사 현재형이 없는 동사들이 있다.

· 단음절 어간 동사들: пить, петь, бить, мыть, брать, звать, знать 등

· -ереть, -зть, -оть, -сть, -уть, -чь로 끝나는 동사들: тере́ть, та́ять, класть 등

· 그 외 일부 동사들

Ⅰ식 동사변화형: писа́ть, пря́тать 등

Ⅱ식 동사변화형: учи́ть, находи́ть, стро́ить, смотре́ть 등

2. 피동형동사 과거

피동형동사 과거형은 완료상 타동사에서 만들어지며 '~된', '~하여진' 등의 의미로 쓰여진다. 동사 과거형에서 -л을 제거하고 접미사 -нный, -тый를 붙인다.

	동사원형	과거형	피동형동사 과거형	
-л	**-ать, -ять, -еть 동사형 → -нный**			
	прочита́ть	прочита́-л	прочи́та-**нный**	다 읽혀진
	уви́деть	уви́де-л	уви́де-**нный**	다 보여진
	потеря́ть	потеря́-л	поте́ря-**нный**	다 잃어버린
	-ить 동사형 → -енный/-ённый			
	получи́ть	получ-и́-л	полу́ч-**енный**	다 받아진
	реши́ть	реш-и́-л	реш-**ённый**	해결된
-×	принести́	принёс	принес-**ённый**	가지고 온
	привести́	привёл	привед-**ённый**	운행해 온
	-нуть, -ыть, -нять 동사형 → -тый			
	приня́ть	при́ня-л	при́ня-**тый**	채택된
	мыть	мы-л	мы́-**тый**	씻기어졌던
	заня́ть	за́ня-л	за́ня-**тый**	점령된

· Мы говори́ли о кни́ге, **напи́санной** америка́нским писа́телем.
우리는 미국 작가가 쓴 책에 대해 말했다.

· Мари́я танцева́ла с го́стем, **приглашённым** к нам на ве́чер.
마리야는 저녁 연회에 우리집에 초대되었던 손님과 춤을 추었다.

· Все кни́ги, **взя́тые** в библиоте́ке, мы уже́ прочита́ли.
도서관에서 빌린 모든 책을 우리는 벌써 다 읽어 버렸다.

※ 유의사항

1) 피동형동사 과거형을 만들 때, 어간에서 자음 교체가 일어나는 경우가 있다.

	동사원형	피동형동사 과거형	
д - ж	оби́деть	оби́женный	화나게 했던
д -жд	освободи́ть	освобождённый	해방되었던
з - ж	сни́зить	сни́женный	낮추어졌던
	изобрази́ть	изображённый	묘사되었던
с - ш	пригласи́ть	приглашённый	초대된
	бро́сить	бро́шенный	버려진
т - щ	сократи́ть	сокращённый	단축된
	освети́ть	освещённый	비춰진
т - ч	встре́тить	встре́ченный	만나졌던
	заме́тить	заме́ченный	눈치챘던
б - бл	употреби́ть	употреблённый	이용된
в - вл	пригото́вить	пригото́вленнй	준비된
м - мл	утоми́ть	утомлённый	피로한
п - пл	купи́ть	ку́пленный	사지 된

2) -ти, -зть, -сть, -чь 동사형은 -ённ-를 가진다.

· найти́ - найдённый(на́йденный) 찾아졌던

· привести́ - приведённый 인도되었던

· спасти́ - спасённый 구조되었던

3) 대부분의 단음절 동사는 접미사 -т를 가진다.

· бить - би́тый (두들겨) 맞게 된

· взять - взя́тый 쥐어졌던

· снять - сня́тый 벗겨졌던

ЗАДАНИЯ

1. 다음 단어들을 형동사로 만들어보세요.

1) 피동형동사 현재

получать	получаемый	организовать	
изучать		анализировать	
выполнять		предлагать	
любить		рассматривать	
давать		создавать	
узнавать		употреблять	
вести		принимать	
переводить		читать	
приводить		исполнять	
сравнивать		наблюдать	

2) 피동형동사 과거

написать	написанный	продать	
построить		взять	
рассказать		послать	
показать		основать	
нарисовать		издавать	
создать		принять	
получить		изучить	
оставить		открыть	
проверить		предложить	
решить		закрыть	

2. 다음 문장에서 괄호 속 동사를 보기와 같이 올바른 형동사 형태로 바꾸어보세요.

<보기>

· Заслуги, ценимые обществом, ... (ценить)

1) Тема, ________________ в данной статье, ... (анализировать)

2) Газеты, ____________ в России, ... (издавать)

3) Курсы, _____________ в университете, ... (организовать)

4) Молодые спортсмены, _____________ бывшим медалистом, ... (тренировать)

5) Речь, ________________ оратором, ... (произносить)

6) Слова, _______________ студентами на уроке, ... (переводить)

7) Комната, _____________ луной, ... (освещать)

8) Вечеринка, ___________ студентами, ... (устраивать)

9) Фрукты и овощи, ____________ из-за границы, ... (привозить)

10) Работа, ____________ нашим отделом, ... (выполнять)

3. 다음 문장에서 괄호 속 동사를 보기와 같이 올바른 형동사 형태로 바꾸어보세요.

<보기>

· Фотографии, сделанные моим другом,... (сделать)

1) Задание, _______________ студенткой, ... (выполнить)

2) Дворец, _________ известным архитектором, ... (спроектировать)

3) Здание, _____________ в прошлом веке, ... (построить)

4) Примеры, ____________ учащимися, ... (привести)

5) Теория, ____________ нами, ... (рассмотреть)

6) Факты, ____________ ими, ... (проанализировать)

7) Данные, ____________ тобой, ... (получить)

8) Законы, ____________ вами, ... (открыть)

9) Домашнее задание, ____________ мной вечером, ... (сделать)

10) Картина, ____________ известным художником,... (написать)

4. 괄호 속 형동사를 보기와 같이 올바른 형태로 바꾸어 문장을 완성해보세요.

> <보기>
>
> · Я очень люблю читать письма, ____________ вами (присылаемый).
> → Я очень люблю читать письма, присылаемые вами.

1) __________ проблема очень актуальна.	изучаемый
2) __________ примеры подтверждают гипотезу.	приводимый
3) В статье, __________ Машей, много интересного.	переводимый
4) Дети, __________ родителями, всегда более счастливы в жизни.	любимый
5) По вечерам она сидела у окна, ______ солнцем.	освещаемый
6) Мне нравится песня, __________ этим молодым певцом.	исполняемый

7) На встрече шла речь о проблемах, __________ в нашем университете.	исследуемый
8) О ______ в Манеже выставке писали все газеты.	проводимый
9) __________ время отправления - 9 часов.	предполагаемый
10) Машины, __________ этим заводом, быстро раскупаются.	производимый

ПЕРЕВОД

미하일 바실리예비치 로모노소프

미하일 바실리예비치 로모노소프는 1711년 11월 8일에 아르한겔스크 현에 있는 시골 마을에서 농민-어부의 가정에 태어났다. 아버지는 천성적으로 선량한 사람이었다. 로모소노프 어머니는 매우 일찍 돌아가셨는데, 로모노소프가 9살이었을 때이다. 그 뒤 아버지는 2번 더 결혼을 하셨다. 13살 로모노소프에게 아버지의 세 번째 부인은 "악하고 샘이 많은 계모"였다.

소년은 일찍부터 일하기 시작했다. 아버지와 함께 바다로 나가 고기를 잡았다. 이것은 힘든 육체노동이었는데, 그가 힘이 세고 인내력이 강해지는데 도움이 되었다. 로모노소프의 어린 시절에서 가장 최고의 순간은 그의 영혼에 깊은 기억을 남긴 아버지와 함께 바다로 갔던 여행이었다.

어머니들로부터 로모노소프는 읽는 것을 배웠고 일찍부터 독서에 마음이 끌리기 시작했다. 일찍부터 그는 "학문", 지식의 필요성을 인식하기 시작했다. 14살 때 그는 능숙하고 명확하게 글을 쓸 줄 알았다. 가정에서 로모노소프의 생활은 새어머니와의 지속적인 싸움으로 참기 어려운 상황이었다. 특히 독서에 대한 로모노소프의 애착이 새어머니를 냉혹하게 만들었다. 지식에 대한 갈망, 가정에서의 힘든 환경이 로모노소프를 고향집을 떠나 모스크바로 가도록 만들었다. 그는 19살이 되었다. 미하일로는 그의 아버지처럼 어부가 되고 싶지 않았다. 그에게 있어 배우고 싶다는 희망이 세상에서 그 무엇보다 더 강렬했다.

그는 농민의 아들이었고, 그 당시 농민의 아이들은 어디에서도 받아주지 않았기 때문에 모스크바에서 매우 힘들게 배우기 위해 입학할 수 있었다. 그는 끊임없이 그를 조롱하는 작은 소년들과 함께 한 반에서 공부해야 했다. 관심을 기울려 주지 않았음에도 불구하고 그는 훌륭하게 공부를 했다. 동시에 로모노소프는 도시에서 독립적인 생활을 하기 위한 돈이 없었기 때문에 그는 일을 해야만 했었다. 확고한 의지, 강한 성격과 지식에 대한 갈증이 그가 어려움을 극복하는데 도움을 주었다. 학업을 마친 후에 로모노소프를 공부를 위해 뻬쩨르부르그로 보내주었다. 그 뒤 외국에서 배울 수 있도록 그를 보내주었다.

조국으로 돌아 온 뒤 젊은 학자는 뻬쩨르부르그에 있는 과학 아카데미에서 일하기 시작했다. 이 위대한 학자가 행한 모든 것을 열거하는 것은 불가능하다. 많은 발견들이 그와 관련이 있다. 로모노소프는 원자의 존재를 예측하고 그것들이 분자와 어떻게 다른지 설명했다. 그는 자연에서는 아무것도 사라지지 않고 아무것도 없는 데서 생겨나지 않는다는 것을 증명했다. 끊임없이 이론과 실습을 연결시키면서, 그는 러시아의 기술 진보를 위해 싸웠다. 그는 최초의 화학 실험실을 설립하는 것을 도와주었다.

러시아어의 발전을 위해 로모노소프에 의해 많은 것들이 만들어졌다. 그는 러시아어의 첫 번째 학술적인 문법과 러시아어의 첫 번째 교과서를 만들었다. 로모노소프는 위대한 시인이었다.

그의 주창에 의해 현재 설립자의 이름을 따르고 있는 엠게우(모스크바국립대학교)가 설립되었다. 그는 여기에 평민의 자녀들도 받아들일 수 있도록 노력했다. “로모노소프는 위대한 사람이었다. 그는 최초 대학을 설립했다, 그는 그 자신이 최초 우리의 대학이었다”라고 A. C. 뿌쉬낀이 천재적인 러시아 학자에 대해 말했다.

(по материалам книги А. А. Морозова "Ломоносов")

10 Урок

형동사 단어미와 который 종속문

"Ме́дный вса́дник"

ПОЧИТАЕМ

"Ме́дный вса́дник"

Па́мятник Петру́ I был откры́т 7 а́вгуста 1782 го́да, в це́нтре Сена́тской пло́щади в Санкт-Петербу́рге.

Па́мятник был со́здан тала́нтливым ску́льптором Этье́ном-Мори́сом Фальконе́. По прика́зу Екатери́ны II Фальконе́ был приглашён в Санкт-Петербу́рг кня́зем Голи́цыным. Профессора́ Пари́жской акаде́мии жи́вописи Дидро́ и Вольте́р, кото́рым о́чень доверя́ла Екатери́на, сове́товали обрати́ться к э́тому ма́стеру.

В то вре́мя Фальконе́ бы́ло уже 50 лет. Он рабо́тал на фарфо́ровом заво́де, но мечта́л о большо́м иску́сстве. Когда́ Фальконе́ получи́л приглаше́ние из Росси́и, он не стал до́лго ду́мать. 6 сентября́ 1766 го́да был подпи́сан контра́кт.

Усло́вия рабо́ты были́ определены́ так: па́мятник Петру́ до́лжен состоя́ть из "ко́нной ста́туи колосса́льного разме́ра". Ску́льптору был предло́жен скро́мный гонора́р, дру́гие мастера́ проси́ли в два ра́за бо́льше. В Санкт-Петербу́рг Фальконе́ при́был со свое́й семнадцатиле́тней помо́щницей Мари́-Анн Колло́.

12 лет ушло́ на подгото́вку моде́ли па́мятника из ги́пса в натура́льную величину́. Моде́ль была гото́ва к 1778 году́. Учени́цей вели́кого ма́стера была́ вы́леплена голова́ па́мятника. За свою́ рабо́ту Мари́-Анн Колло́ была́ при́нята в чле́ны Росси́йской Акаде́мии, а Екатери́ной II ей была́ назна́чена пожи́зненная пе́нсия. Змея́ под ного́й коня́ была́ со́здана ру́сским ску́льптором Ф.Г. Горде́евым.

Основа́ние па́мятника - это есте́ственная скала́ в ви́де волны́.

Фо́рма волны́ напомина́ет о том, что и́менно Петро́м I Россия была́ вы́ведена к мо́рю. Грани́тный ка́мень был на́йден в райо́не Ла́хты, в 13 киломе́трах от Санкт-Петербу́рга. Ме́стными жи́телями э́тот ка́мень был на́зван "Гром-ка́мнем". Когда́ в скалу́ попа́ла мо́лния, э́тот кусо́к грани́та отколо́лся от неё. Вес моноли́та - о́коло 1600 тонн. Этот ка́мень был доста́влен до ме́ста за 9 ме́сяцев. Во вре́мя перево́зки ка́мню была придана́ необходи́мая форма.

До́лгое вре́мя никто́ не хоте́л отлива́ть ста́тую. Иностра́нные мастера́ тре́бовали сли́шком большу́ю су́мму, а ме́стных мастеров пуга́л разме́р ста́туи. Наконе́ц ма́стер Емелья́н Хайло́в согласи́лся, и в 1774 году́ на́чали отлива́ть скульпту́ру. Техноло́гия была́ о́чень сло́жной.

Уже́ скоро должны́ были́ устана́вливать па́мятник, но отноше́ния ску́льптора и Екатери́ны II ста́ли ху́же. Оскорблённый ма́стер не дожда́лся откры́тия монуме́нта и вме́сте со свое́й учени́цей Мари́-Анн Колло́ уе́хал из Росси́и.

При устано́вке па́мятника руководи́телем был Ф.Г. Горде́ев. На церемо́нии была́ императри́ца Екатери́на II и вся петербу́ргская эли́та.

У э́того па́мятника есть друго́е назва́ние. А.С. Пу́шкиным он был на́зван "Ме́дным вса́дником". Это выраже́ние ста́ло о́чень популя́рным среди́ жи́телей го́рода. Сам па́мятник стал не то́лько геро́ем мно́гих литерату́рных произве́дений, но и одни́м из си́мволов Санкт-Петербу́рга.

(по материалам путеводителя "Санкт-Петербург")

СЛОВА И ВЫРАЖЕНИЯ

па́мятник	기념비, 기념물	разме́р	길이, 크기, 사이즈
пло́щадь	광장	скро́мный	겸손한, 검소한
тала́нтливый	천부의 재능이 있는	гонора́р	사례, 보수
ску́льптор	조각가	гипс	석고, 석고모형
прика́з	명령, 지령	величина́	크기, 양
приглашён	초대받은	натура́льный	실제적인, 진짜의
князь	공후	вы́леплен	조각되다
жи́вопись	그림, 회화	основа́ние	창립, 기초, 토대
доверя́ть	믿다, 신뢰하다	скала́	암석
обрати́ться	~쪽을 향하다	гром	우레, 천둥
фарфо́ровый	자기로 만든	кусо́к	한 조각
приглаше́ние	초대	отколо́ться	깨져 떨어지다
подпи́сан	서명되다	моноли́т	한 덩어리 바위
контра́кт	계약서	отлива́ть	따르다, 붓다
усло́вие	조건	пуга́ть	위협하다, 놀라게 하다
ко́нный	말에 의해	техноло́гия	공학
ста́туя	조각상	руководи́тель	지도자, 관리자
колосса́льный	거대한	монуме́нт	기념 조각물
помо́щница	조수	ма́стер	숙련된 직공, 거장
моде́ль	모델	жи́тель	주민

Ме́дный вса́дник	청동 기마상
Екатери́на II	예까쩨리나 2세
грани́тный ка́мень	화강암 돌
па́мятник + чему́(Петру́)	~의(뾰뜨르 대제의) 기념물
состоя́ть из + кого́-чего́	~로 성립되다, 되다
в ви́де + кого́-чего́	~의 모습(형태)로
во вре́мя + чего́	~하는 동안
не то́лько~, но и~	~뿐만 아니라 ~도
оди́н из + 복수생격	~들 중 하나이다

Вопросы к тексту

А. Ответьте на вопросы.

1. Как называется текст?
2. Какова тема текста?
3. Почему текст назван "Медный всадник"?
4. Кем была создан памятник Петру I?
5. Почему Екатерина II решила пригласить французского скульптора Фальконе?
6. Как создавался памятник? Кто участвовал в его создании?
7. Почему гранитный камень-основание называют "Гром-камнем"?
8. Когда был открыт "Медный всадник"?
9. Почему Фальконе не был на открытии памятника, созданного им?
10. Расскажите о Санкт-Петербурге и его достопримечательностях.

Б. Сделайте письменный пересказ текста.

В. Переведите текст на корейский язык.
Обратите внимание на причастия.

ГРАМАКТИКА

1. 피동형동사 단어미

피동형동사 현재와 과거는 단어미를 가지는데, 단어미는 격변화하지 않고 오직 술어로만 사용된다. быть형의 과거와 미래와 결합하여 과거와 미래시제를 나타낸다.

		장어미	단어미
피동형동사	현재	-мый	-м, -ма, -мо, -мы
	과거	-нный, -тый	-н, -на, -но, -ны -т, -та, -то, -ты

피동형동사 현재		피동형동사 과거	
장어미형	단어미형	장어미형	단어미형
чита́емый	чита́ем	прочи́танный	прочи́тан
чита́емая	чита́ема	прочи́танная	прочи́тана
чита́емое	чита́емо	прочи́танное	прочи́тано
чита́емые	чита́емы	прочи́танный	прочи́таны

· Этот портре́т **нарисо́ван** изве́стным худо́жником.
 이 초상화는 유명한 화가에 의해 그려진 것이다.

· Зада́ча была́ **решена́** Анто́ном за 5 мину́т.
 과제는 안똔에 의해 5분 만에 해결되었다.

· Вы́ставка будет **откры́та** за́втра.
 전람회는 내일 열릴 것이다.

※ 명사 및 형용사로 쓰이는 형동사

능동형동사 현재	управля́ющий	관리인
	трудя́щийся	근로자
	заве́дующий	지배인
	уча́щийся	학생
	блестя́щий	빛나는
	веду́щий	지도적인
	сле́дующий	다음의
	соотве́тствующий	적당한
능동형동사 과거	бы́вший	예전의
	проше́дший	지나간, 과거의
	несбы́вшийся	실현 불가능한
피동형동사 현재	люби́мый	사랑하는
	уважа́емый	존경하는
	неви́димый	보이지 않는
피동형동사 과거	учёный	학자
	ра́неный	부상자
	заключённый	유배에 처해진

2. 형동사 구문 ↔ который 종속문

형동사 구문은 주격 혹은 전치사가 없는 대격 который를 가진 한정적 종속문과 동일한 의미를 지니기 때문에 형구사 구문은 항상 который를 가진 종속문으로 바꾸어 사용할 수 있다. 이 때 который는 선행사의 성, 수와 일치해야 하며, 격은 который가 속해 있는 문장의 역할에 따라 결정된다.

형동사 구문 → который 종속문으로 바꿀 때
· 형동사를 없앤다. · который를 선행사의 성, 수와 일치시킨다. · 형동사를 올바른 시제의 동사로 바꾼다. · 종속문에서 который 역할에 맞는 올바른 격으로 만든다. · 피동형동사 구문을 который 종속문으로 바꿀 때 조격으로 쓰인 피동형동사의 행위 주체는 주격으로 바꾼다.

который 종속문 → 형동사 구문으로 바꿀 때
· который를 없앤다. · 종속문에 있는 동사를 시제와 상에 맞게 형동사로 바꾼다. · 형동사를 선행사의 성, 수, 격에 맞춰 알맞은 형태로 바꾼다 · который 종속문이 피동형동사 구문으로 바꾸어질 때 주격으로 쓰인 행위 주체는 조격으로 바꾼다.

※ 유의사항

1) который 종속문을 형동사 구문으로 바꿀 시 который가 주격이나 전치사가 없는 대격이어야 하며, 술어는 현재 또는 과거시제의 동사이거나 피동형동사 단어미로 쓰여진 경우만 가능하다.

2) 형동사가 능동형이면, который 종속문에서 который는 주격이 되고, 술어는 형동사와 같은 시제, 상으로 표현된다.

형동사가 피동형이면 который 종속문에서 который는 대격이 되고, 술어는 형동사와 같은 시제, 상으로 표현된다. 또 который가 주격이 되면 술어는 피동형동사의 단어미로 표현된다.

лежа́щую

· Дайте мне кни́гу, **кото́рая лежи́т** на столе́.
테이블 위에 놓여 있는 책을 나에게 주십시오.

прочи́танную тобо́й

· Дайте мне кни́гу, **кото́рую вы прочита́ли**.
당신이 읽었던 책을 나에게 주십오.

형동사 구문	который 종속문
На́ши студе́нты, **изуча́ющие** англи́йский язы́к, гото́вятся к поступле́нию в фи́рму.	На́ши студе́нты, **кото́рые изуча́ют** англи́йский язы́к, гото́вятся к поступле́нию в фи́рму.
영어를 공부하고 있는 우리 학생들은 회사에 입사하기 위해 준비하고 있다.	

→ изуча́ющие는 능동형동사 현재, 복수형이다.
кото́рые는 선행사와 일치된 복수형이 되고 문장에서 역할은 주어이므로 주격이 되며, 동사는 형동사의 시제와 일치시킨 현재시제 изуча́ют이 된다.

Мой друг, **мечта́вший** стать врачо́м, поступи́л в медици́нский институ́т.	Мой друг, **кото́рый мечта́л** стать врачо́м, поступи́л в медици́нский институ́т.
의사가 되고 싶어 했던 나의 친구는 의대에 입학했다.	

→ мечта́вший는 능동형동사 과거, 단수, 남성형이다.
кото́рый는 선행사와 일치된 단수, 남성형이 되고, 문장에서의 역할이 주어이므로 주격이 되며, 동사는 형동사의 시제와 일치시킨 과거시제 мечта́л이 된다.

Писа́тель написа́л расска́з о лю́дях, **соверши́вших** по́двиг.	Писа́тель написа́л расска́з о лю́дях, **кото́рые соверши́ли** по́двиг.
작가는 업적을 세운 사람들에 대한 이야기를 썼다.	

→ соверши́вших는 능동형동사 과거, 복수, 전치격이다.
кото́рые는 선행사와 일치된 복수형이 되고 문장에서 역할은 주어이므로 주격이 되며, 동사는 형동사의 시제와 일치시킨 과거시제 соверши́ли이 된다.

Мы прочита́ли кни́гу, **переводи́мую** преподава́телем.	Мы прочита́ли кни́гу, **кото́рую преподава́тель** переводи́т.
우리는 선생님이 번역하고 있는 책을 다 읽었다.	

→ переводи́мую는 피동형동사 현재, 단수, 대격형이다.
кото́рый는 선행사와 일치된 단수, 대격형이 되고 문장에서 역할은 목적어이므로 대격이 되며, 동사는 형동사의 시제와 일치시킨 현재시제 переводи́т가 되며 동사의 행위 주체가 되는 преподава́тель은 조격에서 주격으로 바뀐다.

В ко́мнате вися́т карти́ны, **нарисо́ванные** молоды́ми худо́жниками.	В ко́мнате вися́т карти́ны, **кото́рые нарисова́ли** молоды́е худо́жники.
방에는 젊은 화가들이 그린 그림들이 걸려있다.	

→ нарисо́ванные는 피동형동사 과거, 복수, 주격형이 된다.
кото́рые는 선행사와 일치된 복수형이 되고 문장에서 역할은 주어이므로 주격이 되며, 동사는 형동사의 시제와 일치시킨 과거시제 нарисова́ли이 된다.

На пи́сьменном столе́ лежа́т кни́ги, **забы́тые** мои́м бра́том.	На пи́сьменном столе́ лежа́т кни́ги, **кото́рые забы́л** мой брат.
책상에는 동생이 잊어버린 책들이 놓여 있다.	

→ забы́тые는 피동형동사 과거, 복수, 주격형이 된다.
кото́рые는 선행사와 일치된 복수형이 되고 문장에서 역할은 주어이므로 주격이 되며, 동사는 형동사의 시제와 일치시킨 과거시제 забы́л이 된다.

※ 유의사항

피동형동사 구문은 2가지 종속문으로 바꿀 수 있다.

Ма́льчик, **увлечённый** игро́й, не заме́тил нас.	① Ма́льчик, **кото́рый был увлечён** игро́й, не заме́тил нас. ② Ма́льчик, **кото́рого увлекла́** игра́, не заме́тил нас.
놀이에 열중했던 소년은 우리를 알아보지 못했다.	

① кото́рый를 주격으로 사용하면, 피동문이기 때문에 술어를 피동형동사 단어미로 나타내고 보어는 조격 형태(игро́й) 그대로 둔다.
② кото́рый를 대격으로 사용하면, 술어는 인칭 동사를 사용하며 이 동사의 행위 주체는 주격 형태(игра)로 쓴다.

ЗАДАНИЯ

1. 보기와 같이 형동사 단어미와 장어미 중 올바른 형태를 골라 문장을 완성해보세요.

<보기>	
· Город был <u>основан</u> Юрием Долгоруким. · Выводы, <u>основанные</u> на результатах исследования, были логичны.	основанный основан

1) В гостиной пахло вареньем, __________ бабушкой рано утром. Суп уже __________.	сваренный сварен
2) Груз внимательно __________ полицией. Пациент, __________ врачом, выглядел здоровым.	обследованный обследован
3) Магазин, __________ на ремонт, уже не работал. В воскресенье банк __________.	закрытый закрыт

4) Словарь, __________ Мишей, очень мне помог. Всё уже __________.	купленный куплен
5) Дверь __________. Из окна, __________ сестрой, веяло ароматом весенних цветов.	открытый открыт
6) Роман __________ в журнале "Новый мир". __________ статья вызвала споры.	напечатанный напечатан
7) Комната ярко __________. На __________ столе стоял ее портрет.	освещённый освещён
8) Я читаю книгу, __________ мне другом. Гостям были __________ сувениры.	подаренный подарен
9) Танец, __________ впервые, поразил зрителей. Ваше приказание __________.	исполненный исполнен
10) Документы __________ во время. Письмо, __________ мамой, обрадовало её.	полученный получен

2. 다음 형동사 구문을 который 종속문으로 바꾸어보세요.

(1) 형동사 현재

<보기>

· Студенты, *изучающие русский язык,...*

→ Студенты, *которые изучают русский язык,...*

1) Учёный, исследующий сложную проблему, ...

→ ____.

2) Исследователи, обращающиеся к новой теме, ...

→ ____.

3) Компания, производящая бытовую технику, ...

→ ____.

4) Фильм, идущий в кинотеатрах, ...
→ ________________________________.

5) Исследования, проводящиеся в научном институте, ...
→ ________________________________.

6) Все, свободно владеющие компьютером, ...
→ ________________________________.

7) Студентка, прекрасно говорящая на английском языке, ...
→ ________________________________.

8) Вопрос, касающийся экономики, ...
→ ________________________________.

9) Человек, обладающий деловыми качествами, ...
→ ________________________________.

10) Люди, пользующиеся интернетом, ...
→ ________________________________.

(2) 형동사 과거

<보기> · Человек, *открывший эту фирму,...* → Человек, *который открыл эту фирму,...*

1) Исследователи, начавший работать в этой области, ...
→ ________________________________.

2) Актёр, игравший главную роль в новом фильме, ...
→ ________________________________.

3) Учёные, проводившие это исследование, ...
→ ________________________________.

4) Бизнесмены, собравшиеся за круглым столом, ...
→ ________________________________.

5) Музыкант, впервые исполнивший эту мелодию, ...

→ ____.

6) Человек, защитивший диссертацию, ...

→ ______________________________.

7) Спортсмен, выигравший в соревнованиях, ...

→ ____________________________________.

8) Студентка, написавший прекрасное сочинение, ...

→ ____________________________________.

9) Ресторан, открывшийся в городе, ...

→ ____________________________.

10) Магазин, закрывшийся в 7 часов, ...

→ ______________________________.

3. 다음 который 종속문을 형동사 구문으로 바꾸어보세요.

(1) 능동형동사

<보기>

· Картину, *которая висит над диваном*, ему подарил его друг.

→ Картину, *висящую над диваном*, ему подарил его друг.

1) Учебники, которые лежат на столе, надо отнести в библиотеку.

→ ____.

2) Дети, которые сидят в зале, с нетерпением ждут начала спектакля.

→ ____.

3) Он хорошо понимает людей, которые говорят по-английски.

→ ____.

4) Я встретил подругу, которая занимается балетом.

→ ____________________________________.

5) Студентам, которые желают поехать на экскурсию, надо приехать на вокзал к 9 часам.

→ ____.

6) Лес, который стоит над рекой, был светлым и чистым.

→ ____.

7) В самолёте я встретила девушку, которая учится со мной вместе.

→ ____.

8) Машина подъехала к дому, который стоит около парка.

→ ____.

9) Кинофестиваль, который начинается в городе завтра, уже привлёк много посетителей.

→ ____.

10) Цветы, которые растут около дома, прекрасно пахнут.

→ ____.

(2) 피동형동사

<보기>
· Проблема, *которую решает наш специалист*, заинтересовала всех.
→ Проблема, *решаемая нашим специалистом*, заинтересовала всех.

1) Статья, которую переводит мой друг, написана по-английски.

→ ____.

2) Мне нравится песня, которую исполняет эта певица.

→ ____.

3) В журнале говорится о новом банке, который открывают в нашем городе.

→ ____.

4) События, которые автор описывает в этой книге, происходили 10 лет назад.

→ ____.

5) Новости, которые публикуют в этой газете, интересны.

→ ____.

6) Проблема, которую обсуждают на конференции по физике, очень актуальна.

→ ____.

7) Иностранный язык, который изучают студенты, вызывает большие трудности.

→ ____.

8) Писатель, которого все любят во Франции, посетил Россию.

→ ____.

9) Я регулярно просматриваю свежую информацию, которую я получаю по интернету.

→ ____.

10) Режиссер хорошо знает жизнь, которую он изображает в своих фильмах.

→ ____.

4. 다음 который 종속문을 형동사 구문으로 바꾸어보세요.

(1) 능동형동사

<보기>

· Я хорошо знаком со студентом, *который приехал к нам.*

→ Я хорошо знаком со студентом, *приехавшим к нам.*

1) Мы были в гостях у девушки, которая училась с нами.

→ ____.

2) Я много слышал о людях, которые получили всё от жизни.

→ ____.

3) Я встретился с другом, который работал со мной в этой фирме.

→ ____.

4) Она написала Саше, который уехал за границу.
→ ____.

5) Он читал об учёном, который изучал этот вопрос.
→ ____.

6) Девушка написала письмо матери, которая послала ей посылку.
→ ____.

7) Он встретился со знакомым, который ездил в Россию.
→ ____.

8) Она позвонила подруге, которая пригласила её в кино.
→ ____.

9) Мы читали о М.В. Ломоносове, который создал первый университет в России.
→ ____.

10) Пациент, который принял лекарство, крепко спал.
→ ____.

(2) 피동형동사

<보기>

· Он убрал в сторону мяч, *который бросили дети.*
→ Он убрал в сторону мяч, *брошенный детьми.*

1) В доме много вещей, которые сделал хозяин дома.
→ ____.

2) В гостиницу вошли туристы, которых утомила поездка.
→ ____.

3) Песня, которую исполнил популярный певец, заняла 1 место в рейтинге.
→ ____.

4) В квартире стояла мебель, которую произвела известная фабрика.
→ ____.

5) В музее, который построили 100 лет назад, по сей день многолюдно.
→ ____.

6) В журнале, который Света взяла у сестры, много полезной информации.
→ ____.

7) Из-за кофе, которое он выпил вечером, он не спал.
→ ____.

8) Вопрос, которую он не решил вчера, мучил его весь день.
→ ____.

9) В зале звучали песни, которые люди почти забыли.
→ ____.

10) Я саду до сих пор растёт яблоня, которую посадил наш дед.
→ ____.

ПЕРЕВОД

"청동 기마상"

뾰뜨르 1세의 기념물은 1782년 8월 7일 상트 뻬쩨르부르그에 있는 상원 광장의 중앙에서 공개되었다.

기념물은 재능있는 조각가 에찌옌-모리스 팔코네에 의해 만들어졌다. 예까쩨리나 2세의 명령에 의해 팔코네는 골리츠이느이 공후에 의해 상트 뻬쩨르부르그로 초대되었다. 예까쩨리나가 매우 신뢰했던 파리 회화 아카데미 교수들인 디드로와 볼테르는 이 거장에게 관심을 기울려 조언했다.

그 당시 팔코네는 이미 50세였다. 그는 도자기 공장에서 일했지만, 위대한 예술에 대한 꿈을 꾸었었다. 팔코네는 러시아에서 초대장을 받았을 때, 그는 오래 생각하지 않았다. 1766년 9월 6일 계약은 체결되었다.

작업의 조건들은 다음과 같이 정해졌다: 뾰뜨르 기념물은 "거대한 비율의 기마상 동상"으로 만들어진다는 것이다. 조각가는 검소한 사례비를 제안했고 다른 장인들은 두 배 이상을 요청했었다. 상트 뻬쩨르부르그로 팔코네는 자신의 17살난 조교 마리-안 꼴로를 데리고 왔다.

실제 크기의 석고 모형으로 기념물 모델을 준비하는데 12년이 걸렸다. 모델은 1778년 즈음에 준비되었다. 위대한 거장의 학생에 의해 기념물의 머리가 조각되었다. 자신의 일을 통해 마리-안 꼴로는 러시아 아카데미 회원으로 받아들여졌고, 예까쩨리나 2세는 그녀에게 평생연금을 부여했다. 말의 발아래에 있는 뱀은 러시아 조각가 Ф.Г.고르제예프에 의해 만들어졌다.

기념물의 토대는 파도 형태의 자연적인 바위이다. 파도의 형태는 뾰뜨르 1세에 의해서 러시아가 바다로 나아가는 것을 상기시켜주고 있다. 화강암 돌은 상트 뻬쩨르부르그에서 13킬로미터에 있는 라흐따 지역에서 찾아왔다. 지역 주민들에 의해 이 돌은 "천둥돌"이라고 불리었었다. 바위에 번개가 쳤을 때 화강암의 이 조각이 바위에서 깨져서 떨어져 나온 것이었다. 한 덩어리 바위의 무게는 약 1,600톤이다. 이 돌은 9개월 동안 장소까지 옮겨졌다. 옮겨지는 동안 돌에게 필요한 형태가 부여되었다.

오랜 시간동안 아무도 동상을 주소하고 싶어 하지 않았다. 외국인 거장들은 너무 많은 금액을 요구했고, 동상의 크기는 현지 거장들을 놀라게 했다. 마침내 거장 예멜리얀 하이로프가 동의했고, 1774년에 조각을 주소하기 시작했다. 기술은 매우 복잡했다.

벌써 기념물을 설치했어야 했지만 조각가와 예까쩨리나 2세의 관계가 더욱 악화되어 있었다. 분노한 거장은 기념 조각물의 개관을 기다리지 않고 자신의 제자 마리-안 꼴로와 함께 러시아를 떠났다.

기념물을 설치할 때 Ф. Г. 고르제예프가 지도자가 되었다. 의식에는 예까쩨리나 여제 2세와 모든 선택된 사람들이 있었다.

이 기념물에는 다른 명칭이 있다. А. С. 뿌쉬낀에 의해 그것은 "청동기마상"으로 불리었다. 이 표현은 도시 주민들 사이에서 매우 인기를 끌게 되었다. 기념물 자체는 많은 문학 작품들의 주인공들뿐만 아니라 상트 뻬쩨르부르그의 상징물들 중 하나가 되었다.

(по материалам путеводителя "Санкт-Петербург")

MEMO

11 Урок

부동사

Ви́ктор Миха́йлович Васнецо́в

ПОЧИТАЕМ

Ви́ктор Миха́йлович Васнецо́в

Ви́ктор Миха́йлович Васнецо́в - замеча́тельный ру́сский худо́жник. Мно́гие его́ карти́ны знако́мы лю́дям ещё со шко́лы.

В 1873 году́ Ви́ктор Миха́йлович написа́л автопортре́т. Изображён челове́к с бле́дным и уста́лым лицо́м. В нём о́чень тру́дно рассмотре́ть каки́е-то осо́бенные вне́шние при́знаки гениа́льности. Но е́сли посмо́трим на со́зданные им поло́тна, то сра́зу почу́вствуем си́лу удиви́тельного душе́вного да́ра и тала́нта вели́кого худо́жника.

Ви́ктор Миха́йлович Васнецо́в роди́лся в 1848 году́ в Вя́тке. Сын се́льского свяще́нника, Ви́ктор Васнецо́в рос в росси́йской глуби́нке среди́ крестья́нских дете́й, всей душо́й впи́тывая красоту́ и поэ́зию ру́сских наро́дных были́н и сказо́к.

На формирова́ние худо́жника повлия́ла семья́ и окружа́ющие его́ лю́ди. Пе́рвые уро́ки рисова́ния, да́нные ему́ отцо́м, пробуди́ли у ма́льчика си́льную тя́гу к изобрази́тельному иску́сству.

Бу́дучи ученико́м духо́вной семина́рии, он одновреме́нно брал уро́ки рисова́ния у худо́жника Э.Андрио́ли. Из-за э́того увлече́ния он оста́вил семина́рию, уйдя́ из семина́рии и отпра́вившись на учёбу в Петербу́рг.

В 1868 году́ поступи́л в Акаде́мию Худо́жеств в Петербу́рге, учи́лся в кла́ссах В.В.Вереща́гина и П.П.Чистяко́ва. Там же Ви́ктор Миха́йлович познако́мился с Ре́пиным и мно́гими изве́стными худо́жниками. В 1873 году́ Васнецо́в впервы́е про́бует свои́ си́лы в жи́вописи.

Но не сра́зу Ви́ктор Миха́йлович обрати́лся к были́нным сюже́там и ма́сляной жи́вописи, предпочита́я гра́фику. Увлече́ние гра́фикой отрази́лось на всем его́ после́дующем тво́рчестве. Лу́чшие карти́ны э́того худо́жника демонстри́руют уве́ренность и то́чнсcть.

Но произведе́ния Васнецо́ва глубоко́ лири́чны, романти́чны и самобы́тны. По́лностью перейдя к истори́ческим и ска́зочным сюже́там, худо́жник Васнецо́в со́здал но́вое, "национа́льное" направле́ние в совреме́нной ему́ росси́йской жи́вописи. Его́ карти́ны "Царь Ива́н Васи́льевич Гро́зный", "Богатыри́", "Алёнушка", "Ковёр-самолёт" и мно́гие други́е воспева́ли красоту́ ру́сского наро́дного фолькло́ра, подчёркивая зна́чимость национа́льной исто́рии.

Ви́ктор Миха́йлович Васнецо́в оста́вил глубо́кий след не то́лько в о́бласти гра́фики и жи́вописи. Он со́здал великоле́пные ро́списи, вы́полнил не́сколько уника́льных архитекту́рных прое́ктов, в число́ кото́рых вошёл и прое́кт его́ со́бственного ска́зочного до́ма-мастерско́й.

Револю́цию 1917 го́да в Росси́и худо́жник Васнецо́в не при́нял. Сли́шком ре́зко конфликтова́ла она́ с тем ми́ром ска́зок и высо́кого иску́сства, кото́рый наполня́л его́ ду́шу. В после́дние го́ды жи́зни Ви́ктор Миха́йлович дораба́тывал свои́ ска́зочные карти́ны, оста́вив нам бога́тое насле́дие.

"23 ию́ля уме́р Ви́ктор Васнецо́в, оди́н из крупне́йших и просла́вленнейших мастеров ру́сской шко́лы жи́вописи," - в 1926 году́ писа́л о нём друго́й прекра́сный ру́сский худо́жник И. Граба́рь.

(по материалам сайта "Васнецов.ру")

СЛОВА И ВЫРАЖЕНИЯ

замеча́тельный	훌륭한, 뛰어난	глуби́нка	멀리 떨어진 곳, 벽지
автопортре́т	자화상	впи́тывать	받아들이다, 흡수하다
изображён	표현되다	поэ́зия	시
бле́дный	창백한, 파리한	были́на	고대러시아 영웅서사시
уста́лый	피곤한, 일에 지친	наро́дный	국민의, 민족의
рассмотре́ть	심사, 연구, 검토하다	окружа́ющий	주위의, 주위에 있는
вне́шний	외부로의, 밖의	пробуди́ть	잠깨다, 일어나다
осо́бенный	특수한, 특별한	тя́га	견인(력), 애착, 동경
при́знак	징조, 징후	увлече́ние	열중, 몰두
гениа́льность	천재, 타고난 자질	жи́вопись	그림, 회화
полотно́	아마포, 리넨	сюже́т	주제
почу́вствовать	느끼다, 깨닫다	гра́фика	스케치 데생
си́ла	힘	демонстри́ровать	표현하다
душе́вный	성실한, 진실한	уве́ренность	확신성, 자신성
дар	선물, 재능	то́чность	정확성, 정밀성
тала́нт	재능	лири́чный	서정적인
се́льский	농촌의, 마을의	романти́чный	낭만적인
свяще́нник	사제	самобы́тный	자주적, 독자적
филосо́фский	철학의	великоле́пный	장엄한, 우수한

изобрази́тельное иску́сство	조형예술
духо́вная семина́рия	신학교
про́бовать свои́ си́лы + в чём	자신의 힘을 시험하다
ма́сляная жи́вопись	유화
челове́к с + каки́м лицо́м	~의 얼굴을 한 사람
обрати́ться к + чему	~쪽을 향하다, 기울이다
бога́тое насле́дие	풍부한 유산
ру́сская шко́ла жи́вописи	러시아 회화 학파
Акаде́мия Худо́жеств	미술 아카데미
брать уро́ки рисова́ния	그림 수업을 하다

Вопросы к тексту

А. Ответьте на вопросы.

1. Как называется текст?
2. О ком рассказывается в тексте?
3. Когда и где родился великий русский художник В.М.Васнецов?
4. Что повлияло на формирование художника?
5. Когда Васнецов начал рисовать и кто были его учителями?
6. Почему Виктор Михайлович решил уйти из семинарии?
7. Каковы основные темы творчества Васнецова?
8. Какие работы художника вы знаете?
9. Когда умер Виктор Михайлович Васнецов?
10. Расскажите, какую роль играет искусство в жизни человека.

Б. Сделайте письменный пересказ текста.

В. Переведите текст на корейский язык. Обратите внимание на деепричастия.

ГРАМАКТИКА

러시아어 문법에는 형동사 외에도 동사의 특수한 형태로 동사와 부사의 성질을 가진 부동사가 있다.

동사적 특징	부사적 특징
· 자동사와 타동사를 구별한다. · 동사와 동일한 격을 요구한다. · 동사의 상이 보존되어 있다. · 소사 **-ся**를 가질 수 있다.	· 성, 수, 격 변화를 하지 않는다. · 문장에서 상황어로 쓰인다.

1. 불완료상 부동사

불완료상 부동사는 시제와 관계없이 본동사와 동시에 행해지는 행위를 나타내며, 일반적으로 '~하면서'로 해석된다.

불완료상 동사 현재 시제 어간 + -я(-а: ж, ч, ш, щ 뒤에서)

	동사원형	현제시제	부동사	
-я	чита́ть	чита́-ют	чита́-я	읽으면서
	говори́ть	говор-я́т	говор-я́	말하면서
	жить	жив-у́т	жив-я́	생활하면서
	занима́ться	занима́-ют-ся	занима́-я-сь	공부하면서
-а	учи́ть	у́ч-ат	уч-а́	가르치면서
	служи́ть	слу́ж-ат	служ-а́	근무하면서
	стуча́ть	стуч-а́т	стуч-а́	두드리면서
	крича́ть	крич-а́т	крич-а́	소리치면서
예외	лежа́ть	леж-а́т	лёж-а	누워서
	дава́ть	да-ю́т	дава́-я	주면서

· **Отвеча́я** на вопро́сы журнали́стов, писа́тель расска́зывал о своёй жи́зни.
작가는 기자들의 질문에 대답을 하면서 자신의 삶에 대해 이야기해주었다.

· **Живя́** в Петербу́рге, Джон ча́сто ходи́л в Эрмита́ж.
뻬쩨르부르그에 살면서 존은 자주 에르미타쉬 박물관에 다녔다.

· **Объясня́я** но́вый граммати́ческий материа́л, преподава́тель писа́л на доске́ приме́ры.
새로운 문법 자료를 설명하면서 선생님은 칠판에 예문들을 적었다.

※ 유의사항

1) -авать 동사

여기는 속하는 동사는 현제시제에서가 아니라 동사원형에서 어미 **-ть**를 제외한 부분에서 부동사를 만든다.

· встава́ть - встава́-я

· узнава́ть - узнава́-я

2) 재귀동사의 부동사는 항상 **-сь**를 가진다.

· встреча́ться - встреча́-я-сь

· кла́няться - кла́ня-я-сь

3) 불완료상 부동사로 쓰이지 않는 동사들

① -нуть 동사: вя́нуть, тону́ть, со́хнуть, тяну́ть 등

② -чь 동사: течь, берéчь, жечь 등

③ 단음절의 -ить, -еть, -ать 형의 동사: бить, пить, петь, ждать 등

2. 완료상 부동사

완료상 부동사는 본동사가 나타내는 행위보다 선행하여 일어나는 행위, 완료된 행위를 나타내며, 일반적으로 '~하고 나서'의 의미로 쓰인다.

완료상 동사 과거시제 어간이	모음으로 끝나는 과거어간 + **-в(-вши)**
	자음으로 끝나는 과거어간 + **-ши**

	동사원형	과거시제	부동사	
모음	прочита́ть	прочита́-л	прочита́-в	다 읽고 나서
	сказа́ть	сказа́-л	сказа́-в	말하고 나서
	ко́нчить	ко́нчи-л	ко́нчи-в	끝내고 나서
	встре́титься	встре́ти-л-ся	встре́ти-вши-сь	만나고 나서
자음	принести́	принёс	принёс-ши	가져오고 나서
	привезти́	привёз	привёз-ши	운반하고 나서
	дости́гнуть	дости́г	дости́г-ши	달성하고 나서
	влезть	влез	влез-ши	오르고 나서

· **Пригото́вив** у́жин, ма́ма позвала́ всех к столу́.
저녁을 준비한 후 엄마는 모두를 식탁으로 불렀다.

· **Послу́шав** но́вости, Анто́н выключи́л ра́дио.
뉴스를 들은 후에 안톤은 라디오를 켰다.

· Хорошо́ **изучи́в** иностра́нный язы́к, ты смо́жешь рабо́тать перево́дчиком.
외국어를 잘 공부하고 나면, 너는 통역가로 일할 수 있을 거야.

※ 유의사항

1) **-ть**형의 동사 뒤에는 **-в**, **-вши** 모두가 쓰일 수 있는데, **-в**가 압도적으로 많이 사용되며, **-вши**는 구어형에서 주로 쓰인다. 하지만 **-ться** 형의 동사 뒤에는 **-вшись**를 사용한다.

· написа́ть - написа́-л - написа́-в(-вши)

· поздоро́вать-ся - поздоро́ва-л-ся - поздоро́ва-вши-сь

2) 완료상 운동 동사들은 3인칭 복수형에서 접미사 **-в** 대신 **-я**를 붙여 부동사를 만든다.

동사원형	3인칭 복수형	부동사	
войти́	войд-у́т	войд-я́	들어와서
прийти́	прид-у́т	прид-я́	도착해서
принести́	принес-у́т	принес-я́	가져와서
привести́	привед-у́т	привед-я́	데려와서
привезти́	привез-у́т	привез-я́	운반해서
найти́	найд-у́т	найд-я́	찾아서

ЗАДАНИЯ

1. 다음 단어들을 부동사로 만들어보세요.

1) 불완료상 동사

читать	читая	бегать	
думать		заканчивать	
изучать		спорить	
рисовать		знать	
лежать		начинать	
сидеть		анализировать	
танцевать		следовать	
говорить		защищать	
спрашивать		жить	
улыбаться		здороваться	

2) 완료상 동사

прочитать	прочитав	отдохнуть	
написать		открыть	
закрыть		спросить	
подумать		напечатать	
позвонить		умыться	
забыть		решить	
начать		закончить	
взять		прожить	
постучать		попросить	
дать		одеться	

2. 주어진 동사들을 올바른 부동사로 바꾸어 문장을 완성해보세요.

1) ____________ из дома, я встретился с другом.	выходить
2) Он выписывал новые слова, ____________ текст.	переводить
3) ________ к реставрации, архитекторы осмотрели здание.	готовиться
4) ____________ к дому, позвони мне.	подъезжать
5) ____________ текст, я нашёл в нём ошибки.	проверять
6) Героиня пела, тихо ____________ на гитаре.	играть
7) _________ домой, я узнал, что мне звонил Саша.	прийти

8) Он принимал участие в конференции, __________ много иностранных языков.	знать
9) Они говорили, ____________ друг друга.	перебивать
10) ____________ от родителей деньги, он никогда не тратил их.	получать
11) ____________, он пришёл ко мне.	позвонить
12) ____________ рано, он пошёл на тренировку.	встать
13) _________ книгу, он отправил её в издательство.	закончить
14) ____________ со всеми, он заплакал.	попрощаться
15) ____________, как доехать до центра, мы отправились туда.	спросить
16) Бабушка пригласила нас обедать, ____________ на стол.	накрыть
17) ____________ душ и ____________ кофе, он сел работать.	принять,выпить
18) Он закрыл окно, ____________ комнату.	проветрить
19) ____________ лодку, мы поплыли на остров.	взять
20) Принимать лекарства можно, лишь сначала ____________ с врачом.	посоветоваться

3. 다음 문장들을 보기와 같이 부동사 구문으로 바꾸고 문장을 완성해보세요.

<보기>

· Когда он отдыхал летом в Сочи, ...

→ *Отдыхая летом в Сочи*, он часто ходил на море.

· Если я вернусь пораньше, я ... .

→ *Вернувшись пораньше*, я смогу зайти к тебе.

1) Девушка глядела в окно и ... .

→ ____.

2) Когда мой друг приезжал в наш город, он часто ... .

→ ____.

3) Он лежал на диване и ... .

→ ____.

4) Если мы будем много заниматься, мы сможем ... .

→ ____.

5) Так как он стареет, он не может ... .

→ ____.

6) Она слушает музыку и ... .

→ ____.

7) Когда планируете поездку за границу, вы должны ... .

→ ____.

8) Я читал статью и ... .

→ ____.

9) Они расставались и ... .

→ ____.

10) Когда мы возращались из театра, ...

→ ____.

4. 다음 문장들을 부동사 구문으로 바꾸고 문장을 완성해보세요.

1) Когда он написал письмо, он ... .

→ ____.

2) Если мы проанализируем все факты, мы ... .

→ ____.

3) Дима позавтракал и ... .

→ ____.

4) Когда мы услышали шум на улице, мы ... .

→ ____.

5) Туристы потеряли дорогу и ... .

→ ____.

6) Студенты сдали все экзамены и ... .

→ ____.

7) Когда они возвратились домой, они ... .

→ ____.

8) Когда брат окончил университет, он ... .

→ ____.

9) Если он пообещал, он ... .

→ ____.

10) Потому что она почувствовала себя плохо, она ... .

→ ____.

ПЕРЕВОД

빅또르 미하일로비치 바스네초프

빅또르 미하일로비치 바스네초프는 위대한 러시아 작가이다. 그의 많은 그림들은 학교에서부터 이미 사람들에게 알려져 있다.

1873년에 빅또르 미하일로비치는 자화상을 그렸다. 창백하고 피곤한 얼굴을 한 사람이 묘사되어 있다. 거기에서 천재성의 어떠한 특별한 외적인 특징들을 살펴보기는 어렵다. 하지만 만일 그가 만든 작품들을 보게 된다면, 즉시 위대한 예술가의 놀라운 정신적 산물과 재능의 힘을 느낄 수 있을 것이다.

빅또르 미하일로비치 바스네초프는 1848년에 뱌트카에서 태어났다. 마을 사제의 아들인 빅또르 바스네초프는 러시아 민속 영웅시의 시풍과 동화의 아름다움을 전심으로 받아들이면서 러시아 지방에서 농민 자녀들 사이에서 자랐다.

화가로 성장하는데 가족과 그의 주변 사람들이 영향을 주었다. 자신의 아버지에게 받은 첫 그림 수업들은 소년에게 표현 예술에 대한 강학 애착을 불러일으켰다.

신학교 학생으로 있으면서, 동시에 화가 Э. 안드리올리에게서 그림수업을 받았다. 이러한 열정으로 인해 그는 신학교에서 떠나 학업을 위해 뻬쩨르부르그로 출발하면서 신학교를 그만두었다.

1868년에 뻬쩨르부르그에서 미술 아카데미에 입학했고, В. В. 베레샤긴과 П. П. 치스쨔꼬프의 수업을 들었다. 거기에서 빅또르 미하일로비치는 레삔과 많은 유명한 화가들과 알게 되었다. 1873년에 바스네초프는 처음으로 그림에 자신의 힘을 시험해보게 된다.

그러나 빅또르 미하일로비치는 스케치 데생을 선호하면서 서시시 플롯과 유화로 단번에 관심을 기울인 것은 아니다. 데생에 몰두하는 것은 그의 모든 다음 작품에 반영되어졌다. 이 화가의 가장 좋은 그림들은 자신감과 정확성이 보여지는 것이다.

그러나 바스네초프의 작품들은 깊이 서정적이고 낭만적이며 독창적이다. 역사적이고 동화적인 주제를 충분히 전달하면서 화가 바스네초프는 현대 러시아 회화에 있어서 새로운, <민족적인> 트랜드를 만들었다. 그의 그림들인 "이반 바실리예비치 그로즈느이 황제", "영웅", "알료누쉬까", "양탄자-비행기"와 많은 다른 그림들은 민족적인 역사의 중요성을 강조하면서 러시아 민속의 아름다움을 찬미했다.

빅또르 미하일로비치 바스네초프는 데생과 회화 영역에서만 깊은 인상을 남긴 것은 아니다. 그는 장엄한 그림을 만들었고 몇몇 독특한 건축 프로젝트를 실행했는데, 여기에는 그 자신의 신기한 작업장집의 프로젝트도 포함된다.

러시아에서 일어난 1917년 혁명을 화가 바스네초프는 받아들일 수가 없었다. 혁명은 그의 영혼을 가득 채우고 있었던 동화와 높은 예술의 세계와 매우 격렬하게 충돌했다. 생애 마지막 시기에 빅토르 미하일로비치는 우리에게 풍부한 문화유산으로 남은 멋진 그림들을 마무리했다.

"7월 23일 러시아 회화학파에서 가장 뛰어나고 거장으로 명성을 떨쳤던 빅토르 바스네초프가 사망했다"- 라고 1926년에 다른 훌륭한 러시아 화가인 И. 그라바리가 그에 대해 적었다.

(по материалам сайта "Васнецов.ру")

MEMO

12 Урок

부동사 구문과 상황문

Исто́рия любви́ и ве́рности

ПОЧИТАЕМ

Исто́рия любви́ и ве́рности

Иногда́ в на́шей жи́зни происхо́дят таки́е собы́тия, в кото́рые тру́дно пове́рить. Вот одна́ из таки́х удиви́тельных исто́рий.

Ива́н Степа́нович Фомичёв роди́лся во Фроло́вском райо́не. Когда́ начала́сь война́, он пошёл на фронт. Не́сколько ра́неный, награ́ды. Ива́н попа́л в го́спиталь в 1945 году́, там он и познако́мился с медсестро́й Ната́шей. Они́ полюби́ли друг дру́га. Их рома́н дли́лся два ме́сяца. Уезжа́я на фронт, Ива́н, обеща́я верну́ться, оставля́л люби́мую Ната́шу, жду́щую от него́ ребёнка.

Пото́м были пи́сьма, по́лные не́жности и любви́. Но вдруг пи́сьма переста́ли приходи́ть. Уже́ ко́нчилась война́. Уже родила́сь дочь Анечка. Уже́ все, оста́вшиеся в живы́х, верну́лись с фро́нта. Пи́сем всё не́ было. Но Ната́ша жда́ла, так и не вы́йдя за́муж. Шли го́ды. Росла́ дочь. Так прошла́ жизнь.

Ната́ше испо́лнилось 80 лет. На юбиле́й собрали́сь ро́дственники и друзья́ семьи́. "Мне присни́лся сон! - вдруг сказа́ла имени́нница. - Стои́т мой Ва́нечка на берегу́ реки́, а я – на друго́м берегу́. Он мне ла́сково говори́т: "Ната́шенька, ты не верь никому́, я живо́й. Я люблю́ тебя́"". Все молча́ли, глота́я слёзы. Вдруг дочь Аня чётко сказа́ла: "Я найду́ моги́лу отца́, мы сде́лаем запро́с и всё узна́ем."

Начали́сь по́иски: пи́сьма, сбор докуме́нтов. Удиви́тельно, но все ро́дственники иска́ли, где моги́ла Ива́на. Ро́дственники и друзья́ собра́ли для Анны де́ньги на пое́здку в Бергва́льд, потому́ что по докуме́нтам узна́ли, что там поги́б Ива́н.

Сто́я во́зле моги́лы в Герма́нии, Аня иска́ла в спи́ске фами́лий фами́лию отца́, но её не бы́ло.

В Герма́нии Аня вы́шла на гру́ппу, кото́рая занима́лась по́иском солда́т, поги́бших в Вели́кой Оте́чественной Войне́. С по́мощью э́той группы, а так же посо́льств двух стран Аня нашла́ моги́лу отца́. Отве́т был тако́в: "Челове́к с именем Ива́н Фомичёв похоро́нен з го́роде Свентошув на террито́рии По́льши". Но он был похоро́нен полго́да наза́д! Аня пое́хала в По́льшу.

К свое́й люби́мой Ната́ше Ива́н не дое́хал. По́езд, в кото́ром он е́хал к свое́й Ната́ше, был взо́рван. Ива́н Степа́нович попа́л в по́льский го́спиталь. Почему́ он не верну́лся на ро́дину? Кто теперь отве́тит? Узна́ли, что по́сле го́спиталя Ива́н жени́лся, у него́ родили́сь де́ти. Он всю жизнь прожи́л в По́льше. Когда́ он у́мер, его́ де́ти нашли́ большу́ю коро́бку с пи́сьмами, кото́рые он всю жизнь писа́л свое́й Ната́ше.

Ната́ша прие́хала на моги́лу к своему́ Ва́нечке. Огля́дываясь по сторона́м, она́ сказа́ла: "Именно это ме́сто я мно́го раз ви́дела во сне". Она́, сто́я во́зле моги́лы, ти́хо пла́кала: "Тепе́рь я зна́ю, что ему́ хорошо́! Тепе́рь и мне мо́жно умира́ть споко́йно". Она́ умерла́ че́рез не́сколько дней на террито́рии По́льши. Ната́лью Никола́вну похорони́ли на террито́рии По́льского госуда́рства, ря́дом с моги́лой Ива́на Степа́новича Фомичёва. Тепе́рь они́ ря́дом – два лю́бящих се́рдца, разлучённые стра́шной войно́й. Наконе́ц они́ ря́дом.

(по материлам сайта "Страна мам")

СЛОВА И ВЫРАЖЕНИЯ

собы́тие	사건	поги́бнуть	죽다
фронт	전선, 전방군	спи́сок	목록
ране́ние	상처, 부상	посо́льство	대사관
награ́да	포상, 훈장	похорони́ть	매장하다
го́спиталь	병원	террито́рия	영토
медсестра́	간호사	взорва́ть	폭파하다
рома́н	로맨스, 장편소설	коро́бка	작은 상자
верну́ться	돌아오다	огля́дываться	주위를 둘러보다
не́жность	동정, 걱정	се́рдце	가슴, 심장
по́иск	탐색, 추구	разлучи́ть	헤어지게 되다
юбиле́й	기념축하회	стра́шный	무서운, 지독한
ро́дственник	친척	моги́ла	묘
имени́нница	명명일을 맞은 사람	госуда́рство	국가
ла́сково	상냥하게	испо́лниться	~살이 되다(연령)
глота́ть	삼키다, 열심히 듣다	присни́ться	꿈꾸다
слеза́(слёзы)	눈물	живо́й	살아있는
удиви́тельный	놀랄만한	умира́ть	죽다
обеща́ть	약속하다	наконе́ц	마침내
оставля́ть	남겨두다	жени́ться	(남자가) 결혼하다
переста́ть	그만두다, 멈추다	докуме́нт	서류

сде́лать запро́с	요청을 하다
сбор докуме́нтов	서류집
Великая Оте́чественная Война́	대조국 전쟁
во́зле моги́лы	묘 근처에서
пойти́ на фронт	전방에 가다
вы́йти за́муж	(여자가) 결혼하다
с по́мощью + кого-чего	~의 도움으로
всю жизнь	전 생애 동안
ря́дом с + кем-чем	~와 나란히, 함께
мно́го раз	여러 번

Вопросы к тексту

А. Ответьте на вопросы.

1. Как называется текст?
2. О чём рассказывается в тексте?
3. Как зовут главных героев текста?
4. В какое время происходило действие в тексте?
5. Как и где познакомились герои?
6. Почему они не смогли встретиться после войны?
7. Почему главная героиня прожила всю свою жизнь одна?
8. Как дочь Наташи и Ивана нашла могилу отца?
9. Что Наташа сказала на могиле Ивана?
10. Расскажите, что значит для вас настоящий друг.

Б. Сделайте письменный пересказ текста.

В. Переведите текст на корейский язык. Обратите внимание на деепричастия.

ГРАМАКТИКА

문장에서 시간, 원인, 조건 양보 등의 상황어 역할을 하는 부동사 구문은 이에 상응하는 종속 구문으로 바꿀 수 있다. 하지만 주절과 종속절의 주어가 동일한 경우에만 가능하다.

부동사 구문 → 상황 종속문으로 바꿀 때
· 부동사 구문이 어떤 상황의미를 나타내는 지 파악한다. · 부동사를 상응하는 의미의 접속사로 바꾼다. · 접속사 뒤에 주절의 주어를 쓴다. · 그 뒤 주절의 시제에 따라 동사를 동일한 시제로 변형시킨다.

상황 종속문 → 부동사 구문으로 바꿀 때
· 상황 접속어를 없앤다. · 종속문에 있는 동사는 같은 상의 부동사로 바꾼다. · 종속문의 주어는 주문의 주어와 일치하므로 부동사 구문에서는 생략된다.

1) 시간

Возвраща́ясь с собра́ния, мы продолжа́ли обсужда́ть э́тот вопро́с.	**Когда́ мы возвраща́лись с собра́ния**, мы продолжа́ли обсужда́ть э́тот вопро́с.
모임에서 돌아오면서 우리는 이 문제 논의하는 것을 계속했다.	

Прочита́в текст, мы на́чали учи́ть но́вые слова́.	**По́сле того́ как мы прочита́ли текст**, мы на́чали учи́ть но́вые слова́.
본문을 다 읽은 후에 우리는 새로운 단어들을 암송하기 시작했다.	

2) 이유

Не купи́в билéт, он не уéхал в Москвý.	Он не уéхал в Москвý, **потому что не купи́л билéт**.
표를 사지 못했기 때문에 그는 모스크바에 가질 못했다.	

Не понимáя вопрóсов, студéнт не мог отвечáть прáвильно.	Студéнт не мог отвечáть прáвильно, **так как не понимáл вопрóсов**.
문제를 이해하지 못했기 때문에 학생은 올바르게 대답하지 못했다.	

3) 조건

Вернýвшись порáньше, я смогý зайти́ к тебé.	**Если я вернýсь порáньше**, я смогý зайти́ к тебé.
내가 일찍 돌아온다면 너에게 들릴 수 있을 거야.	

Пообещáв приéхать, он обязáтельно приéдет.	**Если он пообещáл приéхать**, он обязáтельно приéдет.
그가 오겠다고 약속했다면, 그는 반드시 올 것이다.	

4) 양보

Имéя мнóго врéмени, мы не успéли сдéлать э́то.	**Несмотря на то что, мы имéли мнóго врéмени**, мы не успéли сдéлать э́то.
많은 시간이 있었음에도 불구하고 우리는 이것을 다하질 못했다.	

Бýдучи в тяжёлом положéнии, он всё равнó старáлся улыбáться.	**Хотя он был в тяжёлом положéнии**, он всё равнó старáлся улыбáться.
힘든 상황에 있었음에도 불구하고 그는 여전히 미소지으려고 애를 썼다.	

ЗАДАНИЯ

1. 다음 부동사 구문을 보기와 같이 적절한 상황문으로 바꾸어보세요.

<보기>

· *Слушая нас*, преподаватель делал исправления.

→ *Когда преподаватель слушал нас*, он делал исправления.

1) Сидя за столом, они смотрели телевизор.

→ ____.

2) Он читал, лежа на кровати.

→ ____________________________.

3) Поднимаясь по лестнице, друзья громко говорили.

→ ____.

4) Бабушка, стараясь не шуметь тарелками, наливала суп.

→ ____.

5) Возвращаясь домой, отец всегда приносил подарки.

→ ____.

6) Учась в школе, он много занимался спортом.

→ ____.

7) Изучая иностранный язык, мы можем узнать новый для нас мир.

→ ____.

8) Провожая глазами поезд, мы долго стояли на перроне.

→ ____.

9) Обещая, он всегда держал слово.

→ _________________________________.

10) Приезжая летом в деревню, мы часто ходили в лес.

→ ____.

2. 다음 부동사 구문을 보기와 같이 적절한 상황문으로 바꾸어보세요.

<보기>

· *Закончив заниматься*, мы пошли в столовую.
→ *Когда мы закончили заниматься*, мы пошли в столовую.

1) Прочитав книгу, она дала её подруге.
→ ____.

2) Изучив все темы, можно хорошо сдать экзамен.
→ ____.

3) Отдохнув, он вышел на работу.
→ ____.

4) Проснувшись, отец сразу поехал по делам.
→ ____.

5) Возвращаясь в общежитие, мы весело разговаривали.
→ ____.

6) Закончив университет, моя сестра вышла замуж.
→ ____.

7) Не выучив тему, он всё равно хорошо ответил.
→ ____.

8) Ничего нам не сказав, Аня пошла домой.
→ ____.

9) Получив письмо, он сразу написал ответ.
→ ____.

10) Открыв холодильник, он взял молоко.
→ ____.

3. 다음 문장들을 보기와 같이 부동사 구문으로 바꾸어보세요.

<보기>

· *Так как он заболел*, он пришёл в университет.
→ *Заболев*, он не пришёл в университет.

1) Хотя она получила высокий бал, она не прошло по конкурсу.
→ ______________________________.

2) Если вы поедете в Сочи, вы можете хорошо отдохнуть.
→ ______________________________.

3) Мария прочитала книгу и положила её на полку.
→ ______________________________.

4) После того как она позвонила маме, она села писать письмо.
→ ______________________________.

5) Он стоял и пил кофе.
→ ______________________________.

6) Потому что он был занят, он не приехал к нему в гости.
→ ______________________________.

7) Когда мама приготовила ужин, она пригласила нас за стол.
→ ______________________________.

8) После того как он купил машину, он уехал в деревню.
→ ______________________________.

9) Если мы решим куда-то поехать, мы обязательно едем.
→ ______________________________.

10) Хотя она заняла первое место, она была грустной.
→ ______________________________.

4. 다음 문장들을 보기와 같이 부동사 구문으로 바꾸고 문장을 완성해보세요.

<보기>

· *Если я вернусь пораньше*, я ... .

→ *Вернувшись пораньше*, я (смогу зайти к тебе).

1) Когда он написал письмо, он ... .

→ ______________________________.

2) Если мы проанализируем все факты, мы ... .

→ ______________________________.

3) Дима позавтракал и ... .

→ ______________________________.

4) Когда мы услышали шум на улице, мы ... .

→ ______________________________.

5) Туристы потеряли дорогу и ... .

→ ______________________________.

6) Студенты сдали все экзамены и ... .

→ ______________________________.

7) Когда они возвратились домой, они ... .

→ ______________________________.

8) Когда брат окончил университет, он ... .

→ ______________________________.

9) Если он пообещал, он ... .

→ ______________________________.

10) Потому что она почувствовала себя плохо, она ... .

→ ______________________________.

ПЕРЕВОД

사랑과 진실의 이야기

때때로 우리의 삶에는 믿기 어려운 그러한 사건들이 일어나곤 한다. 여기 그러한 놀랄 만한 사건들 중 하나가 있다.

이반 스쩨빠노비치 포미쵸프는 프롤로프스끼 지역에서 태어났다. 전쟁이 시작되었을 때 그는 전방으로 가게 되었다. 몇 번의 부상을 입었고 포상을 받았다. 이반은 1945년에 병원에 입원을 하게 되었고, 그는 거기서 간호사 나따샤하고도 알게 되었다. 그들은 서로 사랑하게 되었다. 그들의 로맨스는 2달간 계속되었다. 전방으로 떠나면서 이반은 돌아올 것을 약속하면서 그의 아기를 가진 사랑하는 나따샤를 남겨두었다.

그 뒤 그리움과 사랑이 가득한 편지들이 이어졌다. 그러다 갑자기 편지들이 오는 것이 중단되었다. 이미 전쟁이 끝났던 것이었다. 이미 딸 안네치까가 태어났다. 이미 살아남은 모든 사람들은 전방에서 되돌아왔다. 모두들 편지들은 더 이상 없었다. 나따샤는 결혼도 하지 않은 채 기다렸다. 세월이 흘렀다. 딸은 자라났다. 그렇게 인생이 흘러갔다.

나따샤는 80세가 되었다, 기념일에 친척들과 가족의 친구들이 모였다. "나는 꿈을 꾸었어요!" - 갑자기 명명일을 맞은 사람(나따샤)이 말했다. - 나의 바네치까가 강가에 서 있었고 나는 다른 강가에 있었어요. 그는 나에게 부드럽게 말했어요: "나따쉔까, 당신은 아무도 믿지마. 나는 살아 있어. 나는 당신을 사랑해.". 모두들 눈물을 흘리면서 침묵했다. 갑자기 딸 아냐가 분명하게 말했다: "저는 아버지의 묘를 찾아야겠어요. 우리가 문의를 한다면 모든 것을 알 수 있을 거예요."

편지들, 문서집들에 대한 검색이 시작되었다. 놀랍게도 모든 친척들이 이반의 묘가 어디에 있는지 찾아냈다. 친척들과 친구들은 아냐를 위하여 베르그발드로 가는 여행을 위한 돈을 모았다. 왜냐하면 서류에 의해 이반이 거기서 죽었다는 것을 알아냈기 때문이었다.

독일에서 묘 가까이에 서서 아냐는 성의 목록에서 아버지의 성을 찾았지만 없었다.

독일에서 아냐는 대조국전쟁에서 전사한 병사들을 찾아주는 일을 하는 부대로 갔다. 이 부대와 또한 두 나라의 대사관의 도움으로 아냐는 아버지의 묘를 찾았다. 답변은 다음과 같았다: "이반 포미쵸프라는 이름을 가진 사람이 폴란드 영토에 있는 스벤또쉬프 도시에 장사되어 있습니다." 그러나 그는 6개월 전에 장사된 것이었다! 아냐는 폴란드로 갔다.

자신의 사랑하는 나따샤에게로 이반은 오지 못했다. 그가 자신의 나따샤에게 가기 위해 탔던 기차는 폭파되었다. 이반 스쩨빠노비치는 폴란드 병원에 입원했었다. 왜 그는 조국으로 돌아오지 못했을까? 이제 누가 대답해 줄 것인가? 이반은 병원 이후 결혼을 했고 그에게서 아이들이 태어났다는 것을 알아냈다. 그는 전 생애를 폴란드에서 살았다. 그가 죽었을 때 그의 자녀들이 그가 전 생애동안 자신의 나따샤에게 썼던 편지들이 들어있는 큰 상자를 발견했다.

나따샤는 자신의 바네치까의 무덤에 왔다. 주변을 둘러보고는 그녀는 말했다: “이것이 바로 내가 꿈에서 여러 번 봤던 곳이야”. 그녀는 묘 가까이에 서서 조용히 울었다: “이제 나는 그가 만족해한다는 것을 알겠어. 이제 나도 평화롭게 죽을 수 있어.” 그녀는 며칠 뒤에 폴란드 영토에서 죽었다. 나딸리야 니꼴라예브나는 이반 스쩨빠노비치 포미쵸프 묘와 나란히 폴란드 국가의 영토에 매장되었다. 이제 그들은, 끔찍한 전쟁으로 이별하게 된 두 명의 사랑하는 심장들은 나란히 있게 된 것이다. 마침내 그들은 아주 가까이에 있게 된 것이다.

(по материлам сайта "Страна мам")

MEMO

13 Урок

병렬접속사

Моро́зко

ПОЧИТАЕМ

Моро́зко

Жи́ли-бы́ли дед и ба́ба. У де́да была́ до́чка, и у ба́бы была́ дочка. Па́дчерица скоти́ну пои́ла и корми́ла, в избу́ дрова́ и во́ду носи́ла, печь топи́ла, дом убира́ла. Ма́чехе всё не так. А родну́ю дочь хва́лит, хотя́ та ничего́ и не де́лает. Вот ма́чеха пожела́ла па́дчерице сме́рти.

- Вези́ её, стари́к, куда хо́чешь, что́бы мои́ глаза́ её не ви́дели! - говори́т мужу. - Вези́ её в лес, на моро́з.

Стари́к запла́кал, но де́лать нечего. Повёз дочь в лес, оста́вил под е́лью. Де́вушка си́дит там, дрожи́т. Вдруг слы́шит, что невдалеке́ Моро́зко с ёлки на ёлку перепры́гивает. Оказа́лся на де́реве, под кото́рым де́вушка была́, и спра́шивает:

- Тепло́ ли тебе́, де́вица?

- Тепло́, Моро́зушко, тепло́.

Моро́зко стал ни́же спуска́ться:

- Тепло́ ли тебе́, де́вица?

- Тепло́, Моро́зушко, тепло́.

Тут Моро́зко пожале́л де́вушку, укры́л её тёлыми шу́бами. А ма́чеха устро́ила по ней поми́нки, печёт бли́ны и кричи́т му́жу:

- Ступа́й, ста́рый, вези́ свою́ дочь хорони́ть!

Пое́хал стари́к в лес. Доезжа́ет он до того́ ме́ста, где под большо́й е́лью сиди́т его́ дочь. Она́ весёлая, в шу́бе, в зо́лоте и серебре́, а о́коло стои́т ко́роб с бога́тыми пода́рками.

Ста́рик обра́довался, положи́л всё в са́ни, поса́дил дочь, повёз домо́й. А до́ма стару́ха печёт бли́ны, а соба́чка под столо́м лает:

- Гаф, Гаф! Старико́ву дочь в зо́лоте везу́т, а стару́хину за́муж не беру́т.

Стару́ха бро́сит ей блин:

- Не так! Говори́: "Стару́хину дочь за́муж беру́т, а старико́вой до́чери ко́сточки везу́т..." Соба́ка съест блин и опя́ть лает:

- Гаф! Старико́ву дочь в зо́лоте везу́т, а стару́хину за́муж не беру́т.

Стару́ха кида́ла ей блины́ и би́ла её, соба́ка не перестаёт.

Вдруг откры́лась дверь, в избу́ па́дчерица идёт и сия́ет. А за ней несу́т ко́роб высо́кий, тяжёлый. Стару́ха посмотре́ла и говори́т:

- Вези́, вези́ мою дочь в лес на то же ме́сто...

Ста́рик поса́дил стару́хину дочь в са́ни, повёз ее в лес на то же ме́сто и уе́хал. Стару́хина дочь сидит, зу́бами стучи́т, а Моро́зко по лесу́ потре́скивает, на стару́хину дочь смо́трит:

- Тепло́ ли тебе́, де́вица?

- Ой, хо́лодно! Не скрипи́, Моро́зко...

Моро́зко стал ни́же спуска́ться:

- Тепло́ ли тебе́, де́вица?

- Ой, ру́ки, но́ги замёрзли! Уйди́, Моро́зко...

Рассерди́лся Моро́зко и так хвати́л, что стару́хина дочь замёрзла на смерть. Ра́но у́тром стару́ха посыла́ет му́жа за до́черью. Ста́рик уехал. Когда́ он верну́лся, стару́ха побежа́ла встреча́ть дочь, а дочь лежи́т мёртвая. Запла́кала стару́ха, но по́здно бы́ло.

(по мотивам русской народной сказки)

СЛОВА И ВЫРАЖЕНИЯ

па́дчерица	양녀, 수양딸, 의붓딸	доброта́	친절함, 호의
скоти́на	가축	устро́ить	만들다, 정돈하다
пои́ть	마시게 하다, 공급하다	поми́нки	추도식
корми́ть	먹이다	прика́зывать	명령하다
изба́	통나무집	ко́роб	상자
дрова́	장작	бога́тый	풍부한, 부유한
печь	난로	обра́доваться	기뻐하다
топи́ть	때우다, 불을 피다	са́ни	썰매
убира́ть	청소하다	ко́сточка(кость)	작은 뼈
ма́чеха	새어머니, 계모	сия́ть	빛나다, 반짝이다
смерть	죽음	потре́скивать	딱딱 소리를 내다
дрожа́ть	와들와들 떨다	замёрзнуть	얼다, 얼어붙다
перепры́гивать	뛰어 오르다, 도약하다	хвали́ть	칭찬, 찬미하다
спуска́ться	내려가다	мёртвый	죽은
пожале́ть	가엾게 여기다	рассерди́ться	노하다, 화를 내다
укры́ть	숨기다, 덮다, 감추다	хвати́ть	충분하다, 흡족하다
шу́ба	모피 외투	одари́ть	선물하다
стари́к	노인(남)	моро́з	서리, 영하, 추위
стару́ха	노파(여)	деви́ца	아가씨
стару́хина	할머니의	кида́ть	던지다

зу́бами стуча́ть (от хо́лода)	이빨을 부딪치다(추위로 인해)
дед и ба́ба	할아버지와 할머니
Она́ в шу́бе.	그녀는 모피 코트를 입고 있다.
ко́роб с бога́тыми пода́рками	많은 선물들이 담긴 상자
на то же ме́сто	동일한 장소에
устро́ить по ней поми́нки	그녀의 장례를 치르다(행하다)
всё не так	모두가 마음에 들지 않다
родна́я дочь	친 딸
ру́ки замёрзли	손이 얼었다
ничего́ не де́лает	아무것도 하지 않다

Вопросы к тексту

А. Ответьте на вопросы.

1. Как называется текст? О чём в нём говорится?
2. Кто главные герои сказки?
3. Что делала по дому падчерица?
4. Что делала старухина дочь?
5. Какой характер у дедовой дочери и у старухиной дочери?
6. Почему отец повёз свою дочь в лес, на мороз?
7. С кем в лесу встретилась дедова дочь?
8. Почему Морозко дал ей много щедрых подарков?
9. Почему умерла старухина дочь?
10. Расскажите, есть ли в Корее сказка с похожим сюжетом. Перескажите её.

Б. Сделайте письменный пересказ текста.

В. Переведите текст на корейский язык.

ГРАМАКТИКА

접속사는 크게 병렬접속사와 종속접속사로 구별된다. 병렬접속사에는 연결접속사, 분리접속사, 반의접속사로 나눌 수 있고, 종속접속사는 설명접속사, 시간접속사, 조건접속사, 이유접속사, 목적접속사, 비교접속사, 정도·결과접속사, 양보접속사로 나눌 수 있다.
본 장에서는 병렬 접속사에 대해서 살펴본다.

1. 연결접속사

и	~와(과), 그리고	да	~와(과), 그리고
ни…ни…	~도, ~도(않다)	и…, и…	~도, ~도

※ 접속사 и는 동시행위, 연속행위, 원인과 결과 행위를 나타날 때 사용된다.
※ 접속사 да는 и와 같은 의미를 가지고 있지만 매우 드물게 사용된다. 문장에서 행위가 동시에 일어날 때만 사용한다.

· Свети́ло со́лнце, **и** не́бо бы́ло голубы́м.
해는 빛나고 하늘은 푸르렀다.

· Поду́л ве́тер, **и** дере́вья зашуме́ли, и поли́л дождь.
바람이 불었고, 나무들이 흔들렸으며 비가 내렸다.

· **Ни** я не посла́л ему письмо́, **ни** он не написа́л мне.
나는 그에게 편지를 보내지도 않았고, 그는 나에게 편지를 쓰지도 않았다.

· Шёл си́льный снег, **да** ве́тер гуде́л.
많은 눈이 내렸고, 바람부는 소리가 들렸다.

2. 반의접속사

а	그런데, 그러나	но	그러나
да	그러나	же	그러나
не…, а…	~가 아니라 ~다	одна́ко	그러나

※ 접속사 да는 но와 같은 의미를 가지고 있지만 드물게 구어체에서만 사용된다.
※ 접속사 а는 대조되는 문장을 연결할 때, 접속사 но는 기대와 반대되는 내용을 나타내는 문장과 결합할 때 사용되며 одна́ко로 바꾸어 쓸 수 있다.
※ же가 접속사로 사용될 때는 접속사 а와 같이 사용된다.

· Я уме́ю рабо́тать на компью́тере, **а** мой брат ещё нет.
나는 컴퓨터를 할 줄 하는 데 동생은 아직 못한다.

· Я **не** люблю́ пи́ццу, **а** мои́ друзья́ всегда́ приглаша́ют меня́ в италья́нский рестора́н.
내가 피자를 좋아해서가 아니라 나의 친구들이 항상 나를 이탈리아 레스토랑으로 초대하는 것이다.

· Он проси́л меня́ не́сколько раз, **но** я не выпо́лнил его́ про́сьбы.
그는 여러 번 나에게 부탁했지만 나는 그의 부탁을 이행하지 못했다.

· Я давно́ собира́лся зайти́ к тебе́, **да** всё вре́мени не́ было.
나는 오래 전부터 너에게 들리려고 했지만, 늘 시간이 없었다.

· В гора́х было хо́лодно, здесь **же** бы́ло тепло́.
산에는 추웠지만, 여기는 따뜻했다.

· Луна́ свети́ла я́рко, **одна́ко** её свет с трудо́м попада́л в ко́мнату.
달은 선명하게 비추었지만, 그것의 빛이 방으로 들어오기는 힘들었다.

3. 분리접속사

и́ли **(иль)**	또는, 혹은	ли́бо	또는, 혹은
и́ли... и́ли...	~또는 ~또는	ли́бо... ли́бо	~또는 ~또는
то... то...	~때로는 ~때로는	не то...не то...	~도 아닌 ~도 아닌

· Сего́дня бу́дет конце́рт, **или** мы бу́дем смотре́ть кино́?
오늘은 우리 음악회에 갈까, 아니면 영화보러 갈까?

· Я не по́мню то́чно: **или** Све́та приходи́ла, **или** Мари́на приезжа́ла на маши́не.
나는 차를 타고 스베따가 왔다는 건지, 마리나가 왔다는 건지 정확하게 이해하지 못하겠어.

· Ты напиши́ ему, **либо** пусть твоя́ сестра́ позвони́т туда́.
네가 그에게 편지를 쓰도록 해, 혹은 너의 누나가 거기로 전화를 하던지 하도록 해.

· **Либо** ты ко мне прие́дешь, **либо** я прие́ду к тебе́.
네가 나에게도 오든지, 또는 내가 너에게로 가든지 할게.

· **То** сестра́ входи́ла в ко́мнату, **то** брат заходи́л ко мне и меша́л гото́виться к экза́мену.
때로는 누나가 방에 들어왔고, 때로는 형이 나에게 들러서 시험 준비를 하는데 방해를 했다.

· **Не то** зазвони́л телефо́н, **не то** заигра́ло ра́дио.
벨이 울린 것도 아니었고 라디오가 울린 것도 아니었다.

ЗАДАНИЯ

1. 다음 문장들을 읽고 비교해보세요.

1) 접속사 < и, но>

1) У меня был билет,	и пошёл в театр.
	но я не пошёл в театр.
2) Было холодно,	и он не пошёл на улицу.
	но он пошёл на улицу.
3) Вода в реке была холодная,	и мы не стали купаться.
	но мы купались в ней.
4) Закончилось занятие,	и преподаватель ушёл.
	но преподаватель не ушёл.
5) Эта песня очень популярная,	и её все поют.
	но мы не любим её.

2) 접속사 <и, а>

1) Я студент,	и он тоже студент.
	а мой брат работает.
2) Все ушли,	и я закрыл дверь.
	а Вера осталась.
3) Светит солнце,	и весело поют птицы.
	а она сидит дома.
4) Ей 23 года,	и её другу тоже 23.
	а её другу 25 лет.
5) Мы пошли в кино,	и мой брат тоже пошёл с нами.
	а мой брат остался дома.

2. 주어진 단문들을 접속사를 이용하여 복문으로 만들어보세요.

1) Мы пришли на вокзал рано.	Поезд уже ушёл.
	Они пришли поздно.
2) Мне трудно перевести текст.	Моя подруга легко переводит.
	Я закрыла учебник.
3) Он давно изучает русский язык.	Для него грамматика пока трудная.
	В его речи нет ошибок.
4) Тучи покрыли небо.	Полил дождь.
	Снег не шёл.
5) Звонит телефон.	Никто не слышит.
	Максим берёт трубку.

3. 접속사 <и, а, но>를 활용하여 보기와 같이 문장을 연결해보세요.

<보기>

· Этот журнал интересный. У меня нет времени его читать.
→ Этот журнал интересный, но у меня нет времени его читать.

1) Небо начинало темнеть. Появлялись звёзды.
→ ______________________________.

2) Стало холодно. Мы быстро пошли по домам.
→ ______________________________.

3) Днём было жарко. Ночью температура была -10 градусов.
→ ______________________________.

4) Мама готовит на кухне. Папа смотрит телевизор в комнате.
→ ______________________________.

5) Мой брат учится в школе. Моя сестра - студентка.
→ ______________________________.

6) На другой день погода стала лучше. Мы всё равно сидели дома.
→ ______________________________.

7) Все отдыхали. Он продолжал работать.
→ ______________________________.

8) Мы долго стучали. Никто не открыл дверь.
→ ______________________________.

9) Справа был лес. Слева было озеро.
→ ______________________________.

10) Студент много работал над рефератом. Он получился интересный.
→ ______________________________.

4. 접속사 <и, то...то..., либо, или...или, а, но>를 활용하여 보기와 같이 문장을 연결해보세요.

<보기>
· Дверь открывали. Кто-то выходил из дома. → То открывали дверь, то кто-то выходил из дома.

1) Марина напишет. Сережа позвонит.
→ ______________________________.

2) Сегодня выступит популярный певец. Покажут новый фильм.
→ ______________________________.

3) Мои родители поехали на море. Мы с братом пошли в горы.
→ ______________________________.

4) Ударил гром. Проехала с грохотом машина.
→ ______________________________.

5) Лил дождь. Дул сильный ветер. Листья срывало с деревьев.
→ ______________________________.

6) Ты приходи утром. Пусть Дима позвонит.
→ ______________________________.

7) Университет закрыт. Библиотека не работает. В здании никого нет.
→ ______________________________.

8) Саша любил спорт. Марине нравилось ходить в театр.
→ ______________________________.

9) Моя сестра закончила университет. Мой брат ходит в школу.
→ ______________________________.

10) Пойдём в китайское кафе! Ты хочешь пойти в итальянский ресторан.
→ ______________________________.

ПЕРЕВОД

모로즈꼬(서리)

옛날 옛적에 할아버지와 할머니가 살고 있었다. 할아버지에게 딸이 있었고, 할머니에게도 딸이 있었다. 의붓딸은 가축을 먹이고 돌보고 오두막집에 장작과 물을 채워놓고, 난로를 가열하고 집을 청소했다. 계모는 모든 것이 마음에 들지 않는다. 자신의 딸은 아무것도 하지 않음에도 불구하고 칭찬한다. 계모는 의붓딸이 죽기를 바랐다.

- 영감, 내 눈에 그 애가 보이지 않도록 어디든 그 애를 데려가세요! - 남편에게 말한다. - 그 애를 숲으로, 추운 곳으로 데려가세요.

노인은 울었지만, 아무것도 할 수 없었다. 딸을 숲으로 데리고 가서 전나무 아래에 버려두었다. 아가씨는 거기에 앉아서 떨고 있었다. 갑자기 가까이에 있는 전나무에서 전나무로 모로즈꼬가 뛰어오르면서 말했다:

- 아가씨, 따뜻해요?

- 따뜻해요, 모로주쉬꼬, 따뜻해요.

모로즈꼬는 더 아래로 내려가기 시작했다.

- 아가씨, 따뜻해요?

- 따뜻해요, 모로주쉬꼬, 따뜻해요.

그러나 모로즈꼬는 아가씨가 가여워서 따뜻한 코트로 감싸주었다. 계모는 그녀의 장례식을 준비하기 위해 블린을 구우면서 남편에게 고함쳤다:

- 나가봐요, 영감, 당신의 딸을 데려다가 묻어주도록 해요!

노인은 숲으로 갔다. 그는 큰 전나무 아래 그의 딸이 앉아 있는 장소까지 갔다. 그녀는 모피코트에, 황금과 은 장식품들로 치장을 하고는 즐거워하고 있었고, 주위에는 많은 선물들이 든 상자가 놓여 있었다.

노인은 기뻤고, 모든 것을 썰매에 싣고 딸을 태우고 집으로 데리고 왔다. 집에서는 노파가 블린을 굽고 있었고 개는 식탁 아래에서 짖었다(말했다):

- 멍, 멍! 노인의 딸은 황금을 두르고 돌아오고 노파의 딸은 시집을 가지 못한다네.

노파는 개에게 블린을 던졌다:

- 그렇지 않아! 이렇게 말해봐: "노파의 딸은 시집을 가고 노인 딸의 뼈는 묻힐 거야..." 개는 블린을 먹고는 다시 짖었다:

- 멍! 노인의 딸은 황금을 두르고 돌아오고 노파의 딸은 시집을 가지 못한다네.

노파는 개에게 블린을 내던지고 개를 때렸지만, 개는 (말하는 것을) 멈추지 않았다.

갑자기 문이 열리더니 오두막 안으로 의붓딸이 들어오는데 번쩍 번쩍 빛이 났다. 그녀의 뒤로 크고 무거운 상자가 들어왔다. 노파는 이것을 보고는 말했다:

- 데려가줘요, 내 딸을 숲의 같은 장소로 데려가 줘요...

노인은 노파의 딸을 썰매에 앉히고는 숲의 같은 장소로 떠났다. 노파의 딸은 앉아서 이를 부딪치며 떨고 있었다. 모로즈꼬는 숲에서 딱딱거리는 소리를 내면서 노파의 딸을 보고 있었다:

- 아가씨, 따뜻해요?

- 오, 추워! 삐걱거리는 소리 내지 마, 모로즈꼬...

- 아가씨, 따뜻해요?

- 오, 손과 발이 얼었어! 저리가, 모로즈꼬...

모로즈꼬는 노파의 딸을 죽음에 이르도록 차갑게 할 만큼 매우 화가 났다. 이른 아침에 노파는 남편을 딸에게 보냈다. 노인은 떠났다. 그가 돌아오자, 노파는 딸을 보기 위해 뛰어나갔을 때, 딸은 죽어서 누워있었다. 노파는 울부짖었지만 너무 늦었다.

(по мотивам русской народной сказки)

MEMO

14 Урок

종속 접속사

Моя́ ро́дина

ПОЧИТАЕМ

Моя́ ро́дина

Мать моя́ встава́ла ра́но, до со́лнца. Я одна́жды встал то́же до со́лнца, чтобы на заре́ расста́вить лову́шки на перепёлок.

Мать угости́ла меня́ ча́ем с молоко́м. Молоко́ э́то кипяти́лось в гли́няном горшо́чке и сверху́ покры́лось румя́ной пе́нкой, а под той пе́нкой оно́ бы́ло необыкнове́нно вку́сное, и чай от него́ де́лался прекра́сным.

Это угоще́ние поверну́ло мою́ жизнь в хоро́шую сторо́ну: я на́чал встава́ть до со́лнца, что́бы напи́ться с ма́мой вку́сного ча́я. Ма́ло-пома́лу я к э́тому у́треннему встава́нию так привы́к, что уже не мог проспа́ть восхо́д со́лнца.

Пото́м и в го́роде я встава́л ра́но, и тепе́рь пи́шу всегда́ ра́но, когда́ весь живо́тный и расти́тельный мир пробужда́ется и то́же начина́ет по-сво́ему рабо́тать.

Ча́сто-ча́сто я ду́маю: е́сли бы мы так для рабо́ты свое́й поднима́лись с со́лнцем, ско́лько бы тогда́ у людей при́было здоро́вья, ра́дости, жи́зни и сча́стья!

По́сле ча́ю я уходи́л на охо́ту за перепёлками, скворца́ми, соловья́ми, кузне́чиками, ба́бочками. Ружья́ тогда́ у меня́ ещё не́ было, но и тепе́рь ружьё в мое́й охо́те необяза́тельно.

Моя охо́та была́ и тогда́ и тепе́рь - нахо́дки. Нужно бы́ло найти́ в приро́де тако́е, чего́ я ещё не ви́дел. Нужно бы́ло найти́ то, что, мо́жет быть, и никто́ ещё в свое́й жи́зни с этим не встреча́лся.

Перепелку-са́мку на́до бы́ло пойма́ть таку́ю, что́бы она́ лу́чше всех подзыва́ла самца́, а самца́ пойма́ть са́мого голоси́стого. Молодо́го соловья́ на́до бы́ло корми́ть муравьи́ными яи́чками, что́бы пото́м пел лу́чше всех. Мно́го бы́ло забо́т.

Хозя́йство моё бы́ло большо́е, тро́пы бесчи́сленные.

Мы хозяева на́шей приро́ды, и она́ для нас кладова́я со́лнца с вели́кими сокро́вищами жи́зни. Мало того́, что́бы сокро́вища э́ти охраня́ть - их на́до открыва́ть и пока́зывать.

Для ры́бы нужна́ чистая вода́, поэ́тому бу́дем охраня́ть на́ши водоёмы. В леса́х, степях, гора́х ра́зные це́нные живо́тные, поэ́тому бу́дем охраня́ть на́ши леса́, сте́пи, го́ры.

Ры́бе - вода́, пти́це - во́здух, зве́рю - лес, степь, го́ры. А челове́ку ну́жна ро́дина. И охраня́ть приро́ду - это зна́чит охраня́ть ро́дину.

(по рассказу М. Пришвина)

СЛОВА И ВЫРАЖЕНИЯ

расста́вить	세우다, 벌리다	проспа́ть	너무 오래 자다
лову́шка	올가미, 덫, 함정	восхо́д	일출
перепёлка	메추라기	пробужда́ться	일어나다, 깨다
угости́ть	권하다, 대접하다	поднима́ться	떠오르다
кипяти́ться	끓다	скворе́ц	찌르레기
гли́няный	점토로 만든	солове́й	꾀꼬리
горшо́чек	단지, 항아리	кузне́чик	귀뚜라미
покрыва́ться	적합하다, 어울리다	ба́бочка	나비
румя́ный	붉은 빛깔의	ружьё	총, 소총
пе́нка	엷은 막	охо́та	사냥
необыкнове́нно	보기드물게	нахо́дка	습득물, 횡재
вку́сный	맛있는	са́мка	암놈
угоще́ние	대접, 접대	саме́ц	숫놈
поверну́ть	방향을 바꾸다	голоси́стый	큰소리의
напи́ться	충분히 마시다	подзыва́ть	불러오다
ма́ло-пома́лу	조금씩 항상	забо́та	염려, 걱정
встава́ние	일어서는 것, 기상	тропа́	오솔길, 작은 길
привы́кнуть	익숙해지다	кладова́я	창고, 헛간
прибы́ть	늘어나다, 강해지다	сокро́вище	보물, 보배
чи́стый	깨끗한	охраня́ть	방어, 보존하다

живо́тный и расти́тельный мир	동물계와 식물계
чай с молоко́м	밀크 티, 우유를 넣은 차
в хоро́шую сто́рону	좋은 쪽으로
встава́ть до со́лнца	해가 뜨기 전에 일어나다
поднима́ться с со́лнцем	해가 뜰 때 일어나다
по́сле ча́ю	차를 마신 후에
охо́та за + кем-чем	포획(산채로 잡는)
кладова́я с вели́кими сокро́вищами	위대한 보물을 가진 창고
охраня́ть приро́ду	자연을 보호하다
охраня́ть ро́дину	조국을 보호(방어)하다

Вопросы к тексту

А. Ответьте на вопросы.

1. Как называется текст?
2. О чём рассказывается в тексте?
3. Почему главный герой начал вставать каждый день рано утром?
4. Какое у главного героя было хобби?
5. Чем он занимался, гуляя в лесу?
6. Почему герой рекомендует вставать рано утром?
7. Как привычка вставать рано утром может помочь человеку?
8. Что такое природа вокруг нас, с точки зрения автора?
9. Почему нужно заботиться об окружающей природе?
10. Расскажите о Корее и о том, что значит для вас родина.

Б. Сделайте письменный пересказ текста.

В. Переведите текст на корейский язык.

ГРАМАКТИКА

2. 종속접속사

1) 설명접속사

что	~라고	주절의 동사가 통보, 발언, 전달, 사고, 감정, 감각의 의미를 가진 단어일 경우 종속절에 사용된다.
что́бы	~하도록	주절의 동사가 소망, 지향, 요구, 요청, 명령의 의미를 가진 단어일 경우 종속절에 사용된다.

· Мы ду́маем, **что** за́втра пого́да бу́дет хоро́шая.
우리는 내일 날씨가 좋을 거라고 생각한다.

· Я обеща́л другу́, **что** куплю́ ему́ уче́бник.
나는 그에게 교과서를 사주기로 약속했다.

· Мы ра́ды, **что** ты хорошо́ сдал экза́мен.
우리는 네가 시험을 잘 쳤다니 기쁘다.

· Я хочу́, **что́бы** вы отве́тили на э́тот вопро́с.
나는 당신이 이 질문에 대답하기를 원한다.

· Профе́ссор тре́бует, **что́бы** студе́нты бы́ли внима́тельны.
교수님은 학생들이 주목해 줄 것을 요구한다.

2) 시간접속사

когда́	~할 때에	как то́лько	~하자마자
до того́ как	~하기 전에	пока́	~하는 동안
пре́жде чем	~하기 전에	пе́ред тем, как	~하기 전에
с тех по́р как	~한 때부터	по́сле того как	~한 후에

· **Когда́** я око́нчил университе́т, я сра́зу поступи́л в фи́рму.
나는 대학을 졸업했을 때, 바로 회사에 취직했다.

· **Как то́лько** я прие́хал в Росси́ю, я сра́зу пое́хал в университе́т.
나는 러시아에 도착하자마자 학교로 바로 갔다.

· **Пока́** шёл уро́к, в аудито́рии была́ тишина́.
수업이 진행되는 동안 강의실 안은 조용했다.

· Он ушёл **до того́, как** зако́нчилось заня́тие.
그는 수업 다 끝나기 전에 갔다.

· **Пе́ред тем как** преподава́тель разда́л нам экзаменацио́нные листы́, мы повторя́ли.
선생님께서 우리들에게 시험지를 나눠주시기 전에 우리는 복습했다.

· **Пре́жде чем** ты реши́шь купи́ть ко́шку, поду́май хорошо́.
너는 고양이를 사기 전에 잘 생각해봐.

· **С тех по́р как** он прие́хал в наш го́род, происхо́дят удиви́тельные дела́.
그가 우리 도시에 도착했을 때부터 놀랄만한 일들이 일어나고 있다.

· **По́сле того́ как** он позвони́т тебе, сообщи́ мне, пожа́луйста.
그가 너에게 전화를 한 후에 나에 알려줘.

· **Пока́** он рабо́тает, не меша́йте ему́.
그가 일할 동안에는 그를 방해하지 말아주세요.

3) 조건(가정)접속사

е́сли	만일 ~ 한다면	현실적으로 가능한 가정
е́сли бы	만일 ~라면	비현실적인 가정

· **Если** за́втра будет хоро́шая пого́да, мы пойдём на экску́рсию.
만일 내일 날씨가 좋으면, 우리는 여행을 갈 것이다.

· **Если бы** вы пришли́ во́ время, мы успе́ли **бы** ко́нчить рабо́ту.
당신이 제 시간에 도착했더라면, 우리는 일을 끝마칠 수 있었을 텐데.

4) 이유접속사

потому́ что	~때문에	так как	~이기 때문에
оттого́ что	~때문에	поско́льку	~때문에
ввиду́ того́, что	~때문에	в си́лу того́, что	~때문에
всле́дствие того́, что	~때문에	и́бо	~이므로
благодаря́ тому́, что	~덕분에	из-за того́	~때문에

※ потому́ что, и́бо의 종속절은 항상 주절 뒤에서만 사용되며, так как 종속절은 주절 앞에서도 쓰일 수 있다. и́бо는 주로 문어체에서 사용된다.

· Я не могу пойти́ в университет, **потому что** у меня́ боли́т голова́.
나는 머리가 아파서 학교에 갈 수가 없었다.

· На́ша семья́ ча́сто хо́дит на конце́рт, **так как** о́чень лю́бит му́зыку.
우리 가족은 음악을 매우 좋아해서 음악회에 자주 다니다.

· Я вы́шел из ко́мнаты, **оттого́ что** голова́ разболе́лась.
나는 머리가 몹시 아팠기 때문에 방에서 나갔다.

· **Поско́льку** мы рабо́тали без переры́ва, мы уста́ли.
우리는 쉬지 않고 일했기 때문에 피곤했다.

· **Ввиду того́, что** я простуди́лся, я не смог пое́хать в университе́т.
나는 감기에 걸려서 학교에 갈 수 없었다.

· **В си́лу того́, что** банк закры́т, мы не смогли́ снять де́ньги.
은행이 닫혀있어서 우리는 돈을 빌릴 수가 없었다.

· **Всле́дствие того́, что** мы простуди́лись, мы не смогли́ приня́ть уча́стие в собра́нии.
우리는 감기에 걸렸기 때문에 회의에 참석할 수가 없었다.

· Мне не хоте́лось спать, **и́бо** сего́дня после́дний день в Росси́и.
오늘이 러시아에서 마지막 날이라 나는 자고 싶지 않았다.

· **Благодаря́ тому́, что** он помо́г мне, я хорошо́ сдал экза́мен.
그가 나를 도와준 덕택에 나는 시험을 잘 쳤다.

· **Из-за того́, что** це́лый день шёл дождь, мы не смогли́ никуда́ сходи́ть.
하루 종일 비가 와서 우리는 어디에도 갈 수 없었다.

5) 목적접속사

что́бы	~하기 위하여, ~하도록

※ 주절과 종속절의 주어가 동일하면 что́бы 다음에 동사원형이 사용되고, 주어가 다르면 동사 과거시제가 사용된다.

· Он пошёл в универма́г, **что́бы купи́ть** сувени́р.
그는 선물을 사기 위해 백화점으로 갔다.

· Я пришёл, **что́бы сообщи́ть** вам об э́том.
나는 당신에게 이것을 알려주려고 왔다.

· Ему ну́жно два дня, **что́бы написа́ть** докла́д.
그가 보고서를 쓰는데 이틀이 필요하다.

· Я пришёл, **что́бы** вы **рассказа́ли** мне об э́том.
나는 당신이 나에게 이것을 말해주도록 왔다.

· Он закры́л окно́, **что́бы** в ко́мнате **не́ было** хо́лодно.
그는 방이 춥지 않도록 창문을 닫았다.

· Я положи́л письмо́ на стол, **что́бы** брат сра́зу **уви́дел** его́.
나는 형이 바로 편지를 볼 수 있도록 그것을 책상위에 두었다.

※ 주절에 для того́, с тем, зате́м과 함께 사용할 수 있다.

· Я записа́л а́дрес **для того́, что́бы** не забы́ть.
나는 잊지 않도록 주소를 적어 두었다.

· Я верну́лся **с тем, что́бы** предупреди́ть вас.
나는 당신에게 미리 경고하기 위해서 돌아왔다.

· Я пришёл не **затем, что́бы** спо́рить с вами.
나는 당신과 논쟁하기 위해서 여기에 온 것이 아니다.

6) 비교접속사

как	~처럼	бу́дто	~처럼
как бу́дто	마치 ~인 것처럼	сло́вно	마치 ~인 것처럼
то́чно	마치 ~인 것처럼	так же, как	~와 똑같이
чем + 비교급 ... тем + 비교급		~하면 할수록 더	

· У него́ прекра́сный го́лос и он поёт, **как** поёт солове́й.
그는 멋진 목소리를 가지고 있어서 꾀꼬리처럼 노래를 부른다.

· Бы́ло так тепло́, **бу́дто** уже́ пришла́ весна́.
마치 봄이 온 것처럼 따스했다.

· Он смотре́л далеко́, **как бу́дто** кого́-то ждал.
그는 마침 누구를 기다리고 있는 것처럼 먼 곳을 바라보았다.

· Я так уста́л, **сло́вно** рабо́тал без о́тдыха це́лый день.
나는 하루 종일 쉬지 않고 일을 한 것 같이 그렇게 피곤했다.

· Кру́гом та́ял снег, **то́чно** наступи́ла весна́.
마치 봄이 온 것처럼 주위에 눈이 녹았다.

· Этот вопро́с интересу́ет меня́ **так же, как** он интересу́ет вас.
이 문제는 당신이 흥미로운 것 같이 나에게도 흥미롭다.

· **Чем** бо́льше она ду́мала об э́том, **тем** бо́льше беспоко́илась.
그녀는 이것에 관해 생각하면 할수록 더 많이 불안해했다.

7) 결과접속사

так что	그래서	поэ́тому	그래서

· Вчера́ я о́чень уста́л, **так что** сего́дня у́тром не смог вста́ть.
어제 나는 매우 피곤했다. 그래서 아침에 일어날 수가 없었다.

· Я мно́го занима́лась, **поэ́тому** заняла́ пе́рвое ме́сто на экза́мене.
나는 공부를 많이 했다. 그래서 시험에서 1등을 차지 할 수 있었다.

8) 정도접속사

сто́лько,... ско́лько...	~만큼 ~만큼
так,... что...	~만큼 너무
наско́лько..., насто́лько ...	~만큼 ~만큼
до тако́й степени, что	~정도까지

· У меня́ **сто́лько** же книг, **ско́лько** было и у вас.
나는 당신이 가진 만큼 책을 가지고 있다.

· Вчера́ я **так** мно́го рабо́тал, **что** сего́дня у́тром не мсг встать ра́но.
어제 나는 일을 너무 많이 해서 오늘 아침에 일찍 일어날 수가 없었다.

· **Наско́лько** бе́режно мы отно́симся к лю́дям, **насто́лько** внима́тельны они к нам.
우리가 사람을 소중히 여기는 만큼 그들도 우리에게 주의를 기울인다.

· Он люби́л ро́дину **до тако́й сте́пени, что** за неё гото́з был умере́ть.
그는 조국을 위해 죽을 수 있을 만큼 조국을 사랑했다.

9) 양보접속사

хотя́	비록 ~에도 불구하고, 비록 ~이지만
несмотря́ на то, что	비록 ~에도 불구하고
как ни + 동사	아무리 ~ 할지라도

· **Хотя́** наступи́ла о́сень, бы́ло о́чень жа́рко.
가을이 되었음에도 불구하고 매우 더웠다.

· **Несмотря́ на то, что** он мно́го занима́лся, он не сдал экза́мен.
그는 공부를 많이 했음에도 불구하고 시험에 합격하지 못했다.

· **Как ни** стара́йся, ты всё равно́ э́того не поймёшь.
아무리 노력해도 너는 역시 이것을 이해하지 못할 것이다.

ЗАДАНИЯ

1. 접속사 <что, чтобы>를 활용하여 문장을 완성해보세요.

1) Я думал,___________погода будет плохая.

2) Мой друг хочет,_____________я пошёл с ним на стадион.

3) Утром я увидел,_____________ярко светит солнце.

4) Он попросил меня,____________я принёс ему новый номер журнала.

5) Врач сказал,____________больной лежал в кровати.

6) Необходимо,____________врач приехал сегодня.

7) Сестра написала мне,____________скоро приедет к нам.

8) Она почувствовала,____________очень устла.

9) Нужно,____________больной принимал лекарство.

10) Все хотят,____________завтра была хорошая погода.

2. 접속사 <потому что, поэтому>를 활용하여 문장을 완성해보세요.

> <보기>
>
> · Ребёнок рано заснул. Он очень устал.
>
> → Ребёнок рано заснул, потому что он очень устал.

1) Тучи закрыли луну. Стало совсем темно.

→ ____.

2) Нужно сходить на почту. Пришла посылка.

→ ____.

3) Родители уехали за границу. Я дома один.
→ ____.

4) Он много знает. Он часто участвует в викторинах.
→ ____.

5) Аня хорошо говорит по-английски. Она жила в Англии.
→ ____.

6) Учёные применили новый метод. Они получили высокие результаты.
→ ____.

7) Мы вставали всегда рано. Мы всё успевали сделать.
→ ____.

8) Он не понял вопроса. Он ответил неправильно.
→ ____.

9) Мой друг заболел. Он не был в университете.
→ ____.

10) В самом начале я сделал ошибку. Решение задачи стало неверным.
→ ____.

3. 접속사 <когда/ после того, как/ до того, как/ перед тем, как> 등을 활용하여 보기와 같이 문장을 완성해보세요.

<보기>
· Листья желтеют. Наступает осень. → Когда наступает осень, желтеют листья.

1) Лес шумит. Дует сильный ветер.
→ ____.

2) Дети катаются на лыжах. Наступает зима.
→ ____.

3) Мы вернулись домой. Было совсем темно.

→ ____.

4) Папа пришёл с работы. Дочь вернулась из школы.

→ ____.

5) Он открыл окно. В комнате стало прохладно.

→ ____.

6) Он не пришёл. Все его ждали.

→ ____.

7) Корабль был далеко от берега. Началась буря.

→ ____.

8) Мы постучали в дверь. Были слышны шаги.

→ ____.

9) Он съездил в Китай. Он был в Японии.

→ ____.

10) Света вышла из дома. Она позавтракала.

→ ____.

4. 주어진 문장들을 완성해보세요.

1) Я изучаю русский язык, чтобы...

→ ____.

2) Мой друг выбрал русский язык, потому что...

→ ____.

3) Я много занимался до того, как...

→ ____.

4) Я поступил в университет после того, как...

→ ____.

5) Он часто делает ошибки, хотя...
→ ______________________________.

6) Я его уважаю его настолько, насколько...
→ ______________________________.

7) Моя бабушка хорошо выглядит несмотря на то, что...
→ ______________________________.

8) Светило солнце и пели птицы, словно...
→ ______________________________.

9) Мой друг много занимался, поэтому...
→ ______________________________.

10) У нам ничего не получалось, как...
→ ______________________________.

ПЕРЕВОД

나의 조국

나의 어머니는 해가 뜨기 전에 일찍 일어나셨다. 한번은 나도 역시 새벽에 메추라기들을 위한 올가미들을 설치하기 위해 해가 뜨기 전에 일어났다.

어머니는 나에게 우유를 탄 차를 주셨다. 우유는 점토 냄비에서 끓여진 것이었는데, 위에는 붉은 거품으로 덮여있었고, 거품 아래에 있는 우유는 아주 맛있는 것이었다. 그리하여 우유로 인해 차는 완벽하게 만들어졌다.

이러한 대접은 나의 삶을 좋은 쪽으로 돌려놓았다: 나는 엄마와 함께 맛있는 차를 마시기 위해 해가 뜨기 전에 일어나기 시작했다. 조금씩 나는 일출에 잠을 잘 수 없을 만큼 이러한 아침 기상이 매우 익숙해져 갔다.

그 뒤 도시에서도 나는 일찍 일어났고, 지금도 항상 일찍부터 글을 쓰는데, 모든 동물과 식물 세계가 깨어나서 역시 각자 일하기 시작할 그때이다.

종종 자주 나는 생각한다: 만일 우리가 자신의 일을 위해서 해가 뜨기 전에 일어나야만 한다면! 그러면 사람들에게는 얼마나 많은 건강, 기쁨, 활기와 행복이 올 수 있을까!

차를 마신 후에 나는 메추라기, 찌르레기, 나이팅게일, 메뚜기, 나비들을 사냥하기 위해 나갔다. 그 당시 나에게는 총은 없었지만, 지금도 나의 사냥에서 총은 필수적이지 않다.

나의 사냥은 그 당시도 지금도 횡재물에 불과하다. 우리가 아직 보지 못한 것들을 자연에서 찾아 볼 필요가 있었다. 어쩌면 자신의 삶에서 누구도 보지 못한 것을 발견할 수 있을지도 모른다.

가장 뛰어나게 수놈을 부르는 암놈 메추라기와 가장 크고 강한 목소리를 가진 수놈을 잡아야했다. 어린 나이팅게일을 위해서는 누구보다 노래를 잘 부르게 하기 위해서 개미알을 먹여야만 했다. 많은 것이 걱정이었다.

나의 농장은 컸고 길들은 매우 많았다.

우리는 우리 자연의 주인이고, 자연은 우리에게 있어 삶의 위대한 보물을 가진 태양의 저장고이다. 이 보물들을 보존하기 위해서는 적지만 그것들을 발견하고 보여주어야만 한다.

물고기를 위해서는 깨끗한 물이 필요하다. 그래서 우리의 수로를 보호해야 할 것이다. 숲, 대초원, 산들에는 다양한 가치 있는 동물들이 있다. 그래서 우리의 숲, 대초원, 산들을 보호할 것이다.

물고기에게는 물이, 새에게는 공기가, 짐승에게는 숲, 태초원, 산들이 있다. 그리고 인간에게는 조국이 필요하다. 그래서 자연을 보호한다는 것은 조국을 보호한다는 것을 의미한다.

(по рассказу М. Пришвина)

15 Урок

화법

Три ве́тки мимо́зы

ПОЧИТАЕМ

Три ве́тки мимо́зы

Когда́ он у́тром подошёл к столу́, то уви́дел огро́мный буке́т мимо́зы. Они́ бы́ли таки́е хру́пкие, жёлтые и све́жие, как пе́рвый тёплый день!

— Это па́па подари́л мне, — сказа́ла ма́ма. — Ведь сего́дня 8 ма́рта.

Действи́тельно, сего́дня 8 ма́рта, и он совсе́м забы́л об э́том. Он побежа́л в свою́ ко́мнату, взял портфе́ль и вы́тащил откры́тку. Там бы́ло напи́сано: «Дорога́я ма́мочка, поздравля́ю тебя́ с 8 ма́рта. Обеща́ю всегда́ тебя слу́шаться». Он вручи́л ей откры́тку, а сам стоя́л ря́дом и ждал. Ма́ма прочита́ла откры́тку за одну́ секу́нду.

А когда́ он уже́ уходи́л в шко́лу, ма́ма вдруг сказа́ла ему́:

— Возьми́ не́сколько ве́точек мимо́зы и подари́ Ле́не Попо́вой.

Ле́на Попо́ва была́ его́ однокла́ссницей.

— Заче́м? — хму́ро спроси́л он.

— А зате́м, что сего́дня 8 ма́рта, и я уве́рена, что все ва́ши ма́льчики что́-нибудь пода́рят де́вочкам.

Ему о́чень не хоте́лось нести́ эти мимо́зы, но ма́ма проси́ла, и отка́зывать ей он то́же не хоте́л. Он взял три ве́точки мимо́зы и пошёл в шко́лу. По доро́ге ему́ каза́лось, что все на него́ огля́дываются. Но у са́мой школы он встре́тил Ле́ну Попо́ву. Подбежа́л к ней, протяну́л мимо́зу и сказа́л:

— Это тебу́.

— Мне? Ой, как краси́во! Большо́е спасибо!

Она́ гото́ва была́ благодари́ть его́ ещё час, но он поверну́лся и убежа́л.

Но на пе́рвой переме́не оказа́лось, что никто́ из ма́льчиков в их кла́ссе ничего́ не подари́л де́вочкам. То́лько пе́ред Ле́ной Попо́вой лежа́ли не́жные ве́точки мимо́зы.

— Отку́да у тебя́ цветы? — спроси́ла учи́тельница.

— Это мне Витя подари́л, — сказа́ла Ле́на.

Все сра́зу зашушу́кались и посмотре́ли на Ви́тю, а Ви́тя ни́зко опусти́л голову́.

— Вот как! — сказа́ла учи́тельница.

На переме́не, когда́ Ви́тя подошёл к ребя́там, они́ вдруг закрича́ли:

— Ти́ли-ти́ли-те́сто, жени́х и неве́ста!

Он е́ле доси́де́л до конца́ уро́ков. Но как то́лько прозвене́л звоно́к, со всех ног полете́л домо́й, что́бы до́ма сорва́ть свою́ доса́ду и оби́ду. Он забараба́нил изо всех сил по две́ри и, когда ма́ма откры́ла ему́, закрича́л:

— Это ты, это ты винова́та, это всё из-за тебя! — Он почти́ плака́л. Вбежа́л в ко́мнату, схвати́л мимо́зы и бро́сил их на пол. — Ненави́жу э́ти цве́ты, ненави́жу!

Он стал топта́ть их но́гами.

— Это мне подари́л па́па, — сказа́ла ма́ма.

А Лена Попо́ва несла́ домо́й три не́жные ве́точки мимо́зы. Она́ несла́ их впереди́ себя́, и ей каза́лось, что в них отража́ется со́лнце, что они́ таки́е краси́вые, таки́е осо́бенные... Это ведь были пе́рвые мимо́зы в её жи́зни...

(по рассказу Владимира Железникова)

СЛОВА И ВЫРАЖЕНИЯ

мимо́за	미모사(함수초)	зашушука́ться	소근소근대다
буке́т	(꽃)다발	закрича́ть	소리치다
хру́пкий	약한, 부드러운	винова́т	죄가 있는
све́жий	신선한, 싱싱한	бро́сить	던지다
забы́ть	잊다	ненави́деть	미워하다, 싫어하다
портфе́ль	가방	топта́ть	밟다
вы́тащить	끄집어 내다	отража́ться	비치다, 반영하다
вручи́ть	전하다, 전달하다	осо́бенный	특별한, 특수한
ве́точка	잔가지, 가는 가지	жизнь	삶, 생활
одноклáссница	동급생	плака́ть	울다
хму́ро	침울하게, 우울하게	забараба́нить	두드리기 시작하다
уве́реный	확신하는, 굳게 믿는	дверь	문
отка́зывать	거절, 거부하다	каза́ться	보이다, 생각되다
огро́мный	거대한	доса́да	울화, 노여움
протяну́ть	내밀다	жёлтый	노란색의
поверну́ться	돌아서다	откры́тка	엽서
переме́на	변화, 간격	слу́шаться	순종하다, 따르다
не́жный	부드러운, 약한	благодари́ть	감사하다

Ти́ли-ти́ли-тесто, жени́х и неве́ста!	얼레 꼴레리, 신랑과 신부라네!
Прозвене́л звоно́к.	종이 울렸다.
со всех ног	매우 빠르게
сорва́ть оби́ду	울분, 울화를 터뜨리다
изо всех сил	전속력으로
8 ма́рта	3월 8일(러시아 휴일: 여성의 날)
за одну́ секу́нду	아주 짧은 시간 동안
Ему́ не хоте́лось, что	그는 ~을 하고 싶지 않았다
на пе́рвой переме́не	첫 번째 쉬는 시간에
Ей каза́лось, что	그녀는 ~라고 생각했다.

Вопросы к тексту

А. Ответьте на вопросы.

1. Как называется текст?
2. О чём рассказывается в тексте?
3. Кто главные герои?
4. Что вы узнали о главных героях?
5. Почему мама посоветовала сыну взять в школу мимозы?
6. О каком празднике говорится в тексте? Расскажите, что вы знаете о нём.
7. Какие традиции связаны с этим днём в России?
8. Как девочка приняла подарок? Что она думала о нём?
9. Почему мальчик пришёл домой в плохом настроении?
10. Расскажите о праздниках в Корее. Какие традиции связаны с ними?

Б. Сделайте письменный пересказ текста. Замените прямую речь косвенной.

В. Переведите текст на корейский язык.

ГРАМАКТИКА

본인이나 타인이 진술한 말이나 생각을 필자가 있는 그대로 전달하는 형태를 직접화법(прямая речь), 타인의 말을 필자의 말로 고쳐서 전달하는 형태를 간접화법(косвенная речь)이라고 한다.

1. 직접화법(пряма́я речь)
 · Анна сказа́ла мне: "Я хочу́ с тобой пое́хать в Росси́ю".
 "나는 러시아에 너와 함께 가고 싶어"라고 안나는 말했다.

 · Он говори́л мне: "Я э́то сде́лаю для тебя́".
 "나는 너를 위해 이것을 할게."라고 그는 나에게 말했다.

2. 간접화법(ко́свенная речь)
 · Анна сказа́ла мне, что она́ хо́чет пое́хать со мной в Росси́ю.
 안나가 나와 함께 러시아에 가고 싶다고 말했다.

 · Он говори́л мне, что он сде́лает э́то для меня́.
 그는 나를 위하여 이것을 해 주겠다고 말했다.

3. 화법 전환
 1) 직접 화법이 서술문일 경우, 접속사 что를 사용한 종속문으로 바꾼다.

Он сказа́л: "Я чита́ю кни́гу".	Он сказа́л, что он чита́ет кни́гу.
"나는 책을 읽고 있어"라고 그는 말했다.	그는 책을 읽고 있다고 말했다.

2) 직접 화법이 명령문일 경우, 접속사 чтóбы를 사용한 종속문으로 바꾼다.

"Сдéлайте упражнéния!" - говори́т преподавáтель студéнтам.	Преподавáтель говори́т студéнтам, чтóбы они́ сдéлали упражнéния.
"연습문제 푸세요"라고 선생님이 말했다.	선생님은 연습문제를 풀라고 말했다.

3) 직접 화법에 의문사가 있는 의문문일 경우, 의문사를 접속어로 한 종속문으로 바꾼다.

Я спроси́л: "Как мне пройти́ к вокзáлу?"	Я спроси́л, как мне пройти́ к вокзáлу.
"정거장으로 어떻게 가야 합니까?" 라고 나는 물었다.	정거장으로 어떻게 가야하는지 나는 물었다.

4) 직접 화법에 의문사가 없는 의문문일 경우, 의문소사 ли를 사용하여 한 종속문으로 바꾼다.

"Скóро придёт пóезд?" - спроси́ли мы у дежýрного.	Мы спроси́ли у дежýрного, скóро ли придёт пóезд.
"기차는 곧 도착합니까?"라고 우리는 담당자에게 물었다.	우리는 담당자에게 기차가 곧 도착하는지에 대해 물었다.

ЗАДАНИЯ

1. 주어진 문장을 다음 보기와 같이 바꾸어보세요.

<보기>

"Брат пошёл в университет," - сказала мама.

→ Мама сказала, что брат пошёл в университет.

1) "Обед уже готов!" - крикнула мать.

→ ______________________________.

2) Друг позвонил и сказал: "Сегодня не будет лекции".

→ ______________________________.

3) Он думал: "Наверное, сегодня будет дождь".

→ ______________________________.

4) "Я люблю чай," - тихо произнесла Света.

→ ______________________________.

5) "Город был основан три века назад", - сообщил экскурсовод.

→ ______________________________.

6) Девушка сказала: "Я опять начну учиться".

→ ______________________________.

7) "Марина, тебе кто-то звонил," - крикнул Миша.

→ ______________________________.

8) "Дорогие студенты! Конференция продолжится через 30 минут,"- громким голосом сказал декан.

→ ______________________________.

9) "Я иду в библиотеку," - сказала Алина.

→ ______________________________.

10) "Город расположен на берегу моря, тёплый климат, красивые виды," - сказал Никита.

→ ______________________________.

2. 주어진 문장을 다음 보기와 같이 바꾸어보세요.

> <보기>
> "Купите мне книгу!" - попросил меня мой друг.
> → Мой друг попросил меня, чтобы я купил ему книгу.

1) "Идите ко мне!" - крикнул Иван.
→ ____.

2) Бабушка попросила внука: "Помоги мне!"
→ ____.

3) По радио объявили: "Сегодня утром термометры показывают - 30 градусов. Детям просьба воздержаться от пребывания на улице".
→ ____.

4) "Бабушка! Приготовь нам кашу!" - попросил Коля.
→ ____.

5) "Эй! Саш, беги к нам!" - крикнул Рома.
→ ____.

6) Преподаватель, войдя в аудиторию, сказал: "Здравствуйте, студенты! Прошу старосту выйти к доске!"
→ ____.

7) "Света! Пока! Приезжай к нам!" - кричала Нина подруге.
→ ____.

8) Он строго приказал собаке: "Сидеть!"
→ ____.

9) "Откройте тетради и пишите!" - сказала Мария Ивановна.
→ ____.

10) "Сергей Петрович, позвоните нам, когда доедете!" - шепотом сказал Саша.
→ ____.

3. 주어진 문장을 다음 보기와 같이 바꾸어보세요.

<보기>
"Где вы были вчера вечером?" - спросил меня мой друг.
→ Мой друг спросил меня, где я был вчера вечером.

1) "Маша, куда ты ходила?" - спросил дедушка.
→ ______________________________.

2) "Почему вас так долго не было?" - прошептал Анатолий.
→ ______________________________.

3) Гена спросил меня: "О чем я с ним говорил?"
→ ______________________________.

4) "Откуда вы приехали?" - спросил преподаватель.
→ ______________________________.

5) "С кем ты вчера ходил в кино?" - спросил меня мой друг.
→ ______________________________.

6) Нина спросила: "Аня, кому ты купила этот шарф?"
→ ______________________________.

7) "Что вы любите: чай или кофе?" - спросил его Кирилл.
→ ______________________________.

8) Преподаватель спрашивал студентов: "Мои дорогие! О чём вы мечтаете, какие ваши планы на будущее?"
→ ______________________________.

9) "Кем был основал этот город?" - спросил он гида.
→ ______________________________.

10) Он тихо уточнил: "Когда они уезжают назад?"
→ ______________________________.

4. 주어진 문장을 다음 보기와 같이 바꾸어보세요.

<보기>
"Анна, ты любишь футбол?" - спросил Костя.
→ Костя спросил Анну, любит ли она футбол.

1) "Вы часто ездите за границу?" - спросила Ирина.
→ ____.

2) Декан задал нам вопрос: "Вы участвуете в студенческом собрании?"
→ ____.

3) Женя спросила подругу: "Хочешь кофе?"
→ ____.

4) Он посмотрел на наши вещи и сказал: "Это весь ваш багаж?"
→ ____.

5) "Магазин уже открыт?" - спросил меня прохожий.
→ ____.

6) "У тебя есть брат-близнец?" - спросила меня моя подруга.
→ ____.

7) Преподаватель сказал: "Вы прочитали текст и сделали перевод?"
→ ____.

8) "Надо повернуть направо и пройти сто метров?" - уточнил Саша.
→ ____.

9) "Вера! Ты уже закончила работу над проектом?" - спросила Света.
→ ____.

10) Я спросил отца: "Ты вернёшься в субботу?"
→ ____.

ПЕРЕВОД

세 개의 미모사

그가 아침에 식탁으로 다가갔을 때, 커다란 미모사 꽃다발을 보았다. 꽃들은 처음의 따뜻한 날처럼 아주 연약하고 노랗고 신선했다!

- 이것은 아빠가 나에게 선물한 거야. - 엄마가 말했다. - 오늘이 3월 8일이잖아.

정말로 오늘은 3월 8일이고, 그는 완전히 이것에 대해 잊고 있었다. 그는 자신의 방으로 달려가서 가방을 집어 카드를 꺼냈다. 거기에는 다음과 같이 적혀있었다: <사랑하는 엄마, 3월 8일 여성의 날을 맞아 축하드려요. 항상 엄마 말씀 잘 듣겠다고 약속드려요.> 그는 엄마에게 카드를 건넸고 자신은 옆에 서서 기다렸다. 엄마는 잠시 동안 카드를 읽었다.

그런데 그가 학교로 가려했을때 엄마가 갑자기 그에게 말했다:

- 미모사를 몇 개 가져가서 레나 뽀뽀바에게 선물하도록 해.

레나 뽀뽀바는 그의 동급생이었다.

- 왜요? - 그는 인상을 찌푸리며 물었다.

- 왜냐하면 오늘이 3월 8일이잖아. 그리고 나는 모든 너희 소년들이 소녀들에게 무엇인가를 선물할 거라고 확신해.

그는 이 미모사들을 가지고 가고 싶지 않았지만 엄마는 부탁을 했고 그는 엄마의 말을 거절하는 것 또한 하고 싶지 않았다. 그는 세 개의 미모사 가지를 쥐고는 학교로 갔다. 길에서 모든 사람들이 그를 되돌아 보는 것 같았다. 학교에서 그는 레나 뽀뽀바를 만났다. 그녀에게 달려가서 미모사를 내밀고는 말했다:

- 이것은 너에게 주는 거야.

- 나에게? 아, 정말 예쁘다! 정말 고마워!

그녀는 아직 한 시간 동안이나 그에게 감사할 준비가 되어 있었지만, 그는 돌아서서 도망가 버렸다.

그러나 첫 번째 휴식시간에 소년들 중 아무도 그들의 반에서 소녀들에게 아무것도 선물하지 않았다는 것이 드러났다. 레나 뽀뽀바앞에만 부드러운 미모사 가지들이 놓여있었다.

- 너는 꽃이 어디서 났니? - 선생님이 물으셨다.

- 비짜가 저에게 선물했어요. - 레나가 말했다.

모두들 즉시 수군거리기 시작했고 비쨔를 쳐다보았다. 그러자 비쨔는 고개를 아래로

숙였다.

- 그랬구나! - 선생님이 말씀하셨다.

휴식시간에 비쨔가 아이들에게로 다가갔을때 그들은 갑자기 소리치기 시작했다:

- 얼레꼴레리, 신랑과 신부라네!

그는 수업이 끝날 때까지 겨우 앉아있을 수 있었다. 종이 울리자마자 집에서 자신의 억울함과 분노를 풀기위해서 전속력으로 집으로 날아갔다. 그는 온 힘을 다해 문을 두드렸고, 엄마가 그에 문을 열어주었을 때 소리치기 시작했다:

- 엄마, 이것은 엄마 잘못이에요. 이 모든 것은 엄마 때문이에요! - 그는 거의 울고 있었다. 방으로 뛰어 들어가서는 미모사를 잡고는 그것들을 바닥에 내던졌다. - 이 꽃들이 싫어, 싫다구!

그는 발로 그것들을 밟기 시작했다.

- 이것은 아빠가 나에게 선물한 거란다. - 엄마가 말했다.

하지만 레나 뽀뽀바는 집으로 연약한 세 개의 미모사를 가지고 갔다. 그녀는 자기 앞에 그것을 들고 가면서 그것에 태양이 비추고 있는 것 같이, 꽃들이 매우 아름답고, 매우 특별한 것 같이 생각되었다... 이것은 정말 그녀의 인생에서 최초의 미모사였던 것이었다...

(по рассказу Владимира Железникова)

MEMO

<러시아어 문법표>

1. 명사 격변화

남성명사 단수				
주격(1격)	журна́л	студе́нт	учени́к	карада́ш
생격(2격)	журна́ла	студе́нта	ученика́	карадаша́
여격(3격)	журна́лу	студе́нту	ученику́	карадашу́
대격(4격)	журна́л	студе́нта	ученика́	карада́ш
조격(5격)	журна́лом	студе́нтом	ученико́м	карадашо́м
전치격(6격)	журна́ле	студе́нте	ученике́	карадаше́
남성명사 복수				
주격(1격)	журна́лы	студе́нты	ученики́	карадаши́
생격(2격)	журна́лов	студе́нтов	ученико́в	карадаше́й
여격(3격)	журна́лам	студе́нтам	ученика́м	карадаша́м
대격(4격)	журна́лы	студе́нтов	ученико́в	карадаши́
조격(5격)	журна́лами	студе́нтами	ученика́ми	карадаша́ми
전치격(6격)	журна́лах	студе́нтах	ученика́х	карадаша́х

남성명사 단수				
주격(1격)	трамва́й	геро́й	санато́рий	писа́тель
생격(2격)	трамва́я	геро́я	санато́рия	писа́теля
여격(3격)	трамва́ю	геро́ю	санато́рию	писа́телю
대격(4격)	трамва́й	геро́я	санато́рий	писа́теля
조격(5격)	трамва́ем	геро́ем	санато́рием	писа́телем
전치격(6격)	трамва́е	геро́е	санато́рии	писа́теле
남성명사 복수				
주격(1격)	трамва́и	геро́и	санато́рии	писа́тели
생격(2격)	трамва́ев	геро́ев	санато́риев	писа́телей
여격(3격)	трамва́ям	геро́ям	санато́риям	писа́телям
대격(4격)	трамва́и	геро́ев	санато́рии	писа́телей
조격(5격)	трамва́ями	геро́ями	санато́риями	писа́телями
전치격(6격)	трамва́ях	геро́ях	санато́риях	писа́телях

◉ 남성명사는 경변화와 연변화 규칙으로 구분된다.

◉ 불활동체 남성 명사는 주격과 대격이 동일하고, 활동체 남성명사는 주격과 생격형태가 동일하다. 이 규칙은 단수, 복수 모두 적용된다.

◉ 자음 -г, к, х로 끝나는 명사들은 복수 주격 어미 и를 가진다.

◉ 자음 -ж, ч, ш, щ로 끝나는 명사는 복수 주격 어미 и를 가지며, 단수 조격에서 강세가 어미에 있으며, -ом, 강세가 어간에 있으면 -ем를 가진다.

◉ 어형 변화시 모음 -о, е가 탈락하는 경우들도 있다. 예를 들면, оте́ц → отца́ ..., день → дня... 등이 있다.

◉ 그 외 불규칙 변화하는 남성명사들도 있다. 이러한 명사들은 특별히 기억해둬야 한다. 예를 들면, брат, муж, друг, сын 등이 있다.

여성명사 단수				
주격(1격)	ко́мната	сестра́	кни́га	студе́нтка
생격(2격)	ко́мнаты	сестры́	кни́ги	студе́нтки
여격(3격)	ко́мнате	сестре́	кни́ге	студе́нтке
대격(4격)	ко́мнату	сестру́	кни́гу	студе́нтку
조격(5격)	ко́мнатой	сестро́й	кни́гой	студе́нткой
전치격(6격)	ко́мнате	сестре́	кни́ге	студе́нтке
여성명사 복수				
주격(1격)	ко́мнаты	сёстры	кни́ги	студе́нтки
생격(2격)	ко́мнат	сестёр	кни́г	студе́нток
여격(3격)	ко́мнатам	сёстрам	кни́гам	студе́нткам
대격(4격)	ко́мнаты	сестёр	кни́ги	студе́нток
조격(5격)	ко́мнатами	сёстрами	кни́гами	студе́нтками
전치격(6격)	ко́мнатах	сёстрах	кни́гах	студе́нтках

여성명사 단수				
주격(1격)	столи́ца	неде́ля	дверь	вещь
생격(2격)	столи́цы	неде́ли	две́ри	ве́щи
여격(3격)	столи́це	неде́ле	две́ри	ве́щи
대격(4격)	столи́цу	неде́лю	дверь	вещь
조격(5격)	столи́цей	неде́лей	две́рью	ве́щью
전치격(6격)	столи́це	неде́ле	двери́	ве́щи

여성명사 복수				
주격(1격)	столи́цы	неде́ли	две́ри	ве́щи
생격(2격)	столи́ц	неде́ль	двере́й	веще́й
여격(3격)	столи́цам	неде́лям	дверя́м	веща́м
대격(4격)	столи́цы	неде́ли	две́ри	вещи
조격(5격)	столи́цами	неде́лями	дверя́ми	веща́ми
전치격(6격)	столи́цах	неде́лях	дверя́х	веща́х

◉ 여성명사는 단수에서는 활동체, 불활동체 구분이 없으나 복수에서는 구분이 있다. 여성명사 복수에서 불활동체 명사는 주격과 대격이 동일하고, 활동체 명사는 생격과 대격이 동일하다.

◉ 복수 생격에서 어미의 모음이 탈락된 후 어미에 자음 2개 이상 남는 경우 마지막 자음 앞에 모음 о, е를 첨가한다. 예를 들면, студе́нтка → студе́нток 등이 있다.

◉ 그 외 불규칙 변화하는 여성명사들도 있다. 이러한 명사들은 특별히 기억해둬야 한다. 예를 들면, мать, дочь 등이 있다.

중성명사 단수				
주격(1격)	сло́во	мо́ре	собра́ние	вре́мя
생격(2격)	сло́ва	мо́ря	собра́ния	вре́мени
여격(3격)	сло́ву	мо́рю	собра́нию	вре́мени
대격(4격)	сло́во	мо́ре	собра́ние	вре́мя
조격(5격)	сло́вом	мо́рем	собра́нием	вре́менем
전치격(6격)	сло́ве	мо́ре	собра́нии	вре́мени
중성명사 복수				
주격(1격)	слова́	моря́	собра́ния	времена́
생격(2격)	слов	море́й	собра́ний	времён
여격(3격)	слова́м	моря́м	собра́ниям	времена́м
대격(4격)	слова́	моря́	собра́ния	времена́
조격(5격)	слова́ми	моря́ми	собра́ниями	времена́ми
전치격(6격)	слова́х	моря́х	собра́ниях	времена́х

◉ 중성명사는 활동체, 불활동체 구분이 없으며, 단수와 복수 모두 주격과 대격이 동일하다.

◉ 복수 생격에서 어미의 모음이 탈락된 후 어미에 자음 2개 이상 남는 경우 마지막 자음 앞에 모음 о, е를 첨가한다. 예를 들면, окно́ → о́кон, письмо́ → пи́сем(마지막 자음 앞이 ь를 가진 경우 ь가 е로 바뀜) 등이 있다.

◉ 그 외 불규칙 변화하는 여성명사들도 있다. 이러한 명사들은 특별히 기억해드어야 한다. 예를 들면, мать, дочь 등이 있다.

2. 형용사 격변화

남성 형용사					
주격(1격)	нóвый	молодóй	сúний	хорóший	большóй
생격(2격)	нóвого	молодóго	сúнего	хорóшего	большóго
여격(3격)	нóвому	молодóму	сúнему	хорóшему	большóму
대격(4격)	нóвый нового	молодóй молодóго	сúний сúнего	хорóший хорóшего	большóй большóго
조격(5격)	нóвым	молоды́м	сúним	хорóшим	большúм
전치격(6격)	нóвом	молодóм	сúнем	хорóшем	большóм
여성 형용사					
주격(1격)	нóвая	молодáя	сúняя	хорóшая	большáя
생격(2격)	нóвой	молодóй	сúней	хорóшей	большóй
여격(3격)	нóвой	молодóй	сúней	хорóшей	большóй
대격(4격)	нóвую	молоду́ю	сúнюю	хорóшую	большу́ю
조격(5격)	нóвой	молодóй	сúней	хорóшей	большóй
전치격(6격)	нóвой	молодóй	сúней	хорóшей	большóй

중성 형용사					
주격(1격)	но́вое	молодо́е	си́нее	хоро́шее	большо́е
생격(2격)	но́вого	молодо́го	си́него	хоро́шего	большо́го
여격(3격)	но́вому	молодо́му	си́нему	хоро́шему	большо́му
대격(4격)	но́вое	молодо́е	си́нее	хоро́шее	большо́е
조격(5격)	но́вым	молоды́м	си́ним	хоро́шим	больши́м
전치격(6격)	но́вом	молодо́м	си́нем	хоро́шем	большо́м
복수 형용사					
주격(1격)	но́вые	молоды́е	си́ние	хоро́шие	больши́е
생격(2격)	но́вых	молоды́х	си́них	хоро́ших	больши́х
여격(3격)	но́вым	молоды́м	си́ним	хоро́шим	больши́м
대격(4격)	но́вые но́вых	молоды́е молоды́х	си́ние си́них	хоро́шие хоро́ших	больши́е больши́х
조격(5격)	но́выми	молоды́ми	си́ними	хоро́шими	больши́ми
전치격(6격)	но́вых	молоды́х	си́них	хоро́ших	больши́х

3. 대명사 격변화

1) 인칭대명사

단수					
	나	너	그	그녀	그것
주격(1격)	я	ты	он	она́	оно́
생격(2격)	меня́	тебя́	(н)его́	(н)её	(н)его́
여격(3격)	мне	тебе́	(н)ему́	(н)ей	(н)ему́
대격(4격)	меня́	тебя́	(н)его́	(н)её	(н)его́
조격(5격)	мной	тобой	(н)им	(н)ей	(н)им
전치격(6격)	мне	тебе́	нём	ней	нём

복수			
	우리	당신(당신들, 너희들)	그들
주격(1격)	мы	вы	они́
생격(2격)	нас	вас	(н)их
여격(3격)	нам	вам	(н)им
대격(4격)	нас	вас	(н)их
조격(5격)	на́ми	ва́ми	(н)и́ми
전치격(6격)	нас	вас	(н)их

2) 소유대명사

단수						
	남성	여성	중성	남성	여성	중성
주격(1격)	мой	моя	моё	твой	твоя	твоё
생격(2격)	моего́	мое́й	моего́	твоего́	твое́й	твоего́
여격(3격)	моему́	мое́й	моему́	твоему́	твое́й	твоему́
대격(4격)	мой моего́	мою́	моё	твой твоего́	твою́	твоё
조격(5격)	мои́м	мое́й	мои́м	твои́м	твое́й	твои́м
전치격(6격)	моём	мое́й	моём	твоём	твое́й	твоём
주격(1격)	наш	наша	наше	ваш	ваша	ваше
생격(2격)	на́шего	на́шей	на́шего	ва́шего	ва́шей	ва́шего
여격(3격)	на́шему	на́шей	на́шему	ва́шему	ва́шей	ва́шему
대격(4격)	наш на́шего	на́шу	наше	ваш ва́шего	ва́шу	ваше
조격(5격)	на́шим	на́шей	на́шим	ва́шим	ва́шей	ва́шим
전치격(6격)	на́шем	на́шей	на́шем	ва́шем	ва́шей	ва́шем

복수				
주격(1격)	мои́	твои́	на́ши	за́ши
생격(2격)	мои́х	твои́х	на́ших	ва́ших
여격(3격)	мои́м	твои́м	на́шим	ва́шим
대격(4격)	мои́ мои́х	твои́ твои́х	на́ши на́ших	ва́ши ва́ших
조격(5격)	мои́ми	твои́ми	на́шими	ва́шими
전치격(6격)	мои́х	твои́х	на́ших	ва́ших

3) 지시대명사

	단수			복수
	남성	여성	중성	
주격(1격)	э́тот	э́та	э́то	э́ти
생격(2격)	э́того	э́той	э́того	э́тих
여격(3격)	э́тому	э́той	э́тому	э́тим
대격(4격)	э́тот э́того	э́ту	э́то	э́ти э́тих
조격(5격)	э́тим	э́той	э́тим	э́тими
전치격(6격)	э́том	э́той	э́том	э́тих

	단수			복수
주격(1격)	тот	та	то	те
생격(2격)	того́	той	того́	тех
여격(3격)	тому́	той	тому́	тем
대격(4격)	тот того́	ту	то	те тех
조격(5격)	тем	той	тем	те́ми
전치격(6격)	том	той	том	тех

4) 의문대명사

주격(1격)	кто	что
생격(2격)	кого́	чего́
여격(3격)	кому́	чему́
대격(4격)	кого́	чего́
조격(5격)	кем	чем
전치격(6격)	ком	чём

5) 소유 의문 대명사

단수				복수
	남성	여성	중성	
주격(1격)	чей	чья	чьё	чьи
생격(2격)	чьего́	чьей	чьего́	чьих
여격(3격)	чьему́	чьей	чьему́	чьим
대격(4격)	чей чьего́	чью	чьё	чьи чьих
조격(5격)	чьим	чьей	чьим	чьи́ми
전치격(6격)	чьём	чьей	чьём	чьих

6) 기타 대명사

	단수			복수
	남성	여성	중성	
주격(1격)	весь	вся	всё	все
생격(2격)	всегó	всей	всегó	всех
여격(3격)	всемý	всей	всемý	всем
대격(4격)	весь всегó	всю	всё	все всех
조격(5격)	всем	всей	всем	всéми
전치격(6격)	всём	всей	всём	всех

	단수			복수
	남성	여성	중성	
주격(1격)	сам	самá	самó	сáми
생격(2격)	самогó	самóй	самогó	самúх
여격(3격)	самомý	самóй	самомý	самúм
대격(4격)	сам самогó	самý самоё	самó	сáми самúх
조격(5격)	самúм	самóй	самúм	самúми
전치격(6격)	самóм	самóй	самóм	самúх

4. 수사

1) 개수사와 순서수사

	сколько	который
1	оди́н	пе́рвый
2	два	второ́й
3	три	тре́тий
4	четы́ре	четвёртый
5	пять	пя́тый
6	шесть	шесто́й
7	семь	седьмо́й
8	во́семь	восьмо́й
9	де́вять	девя́тый
10	де́сять	деся́тый
11	оди́надцать	оди́надцатый
12	двена́дцать	двена́дцатый
13	трина́дцать	трина́дцатый
14	четы́рнадцать	четы́рнадцатый
15	пятна́дцать	пятна́дцатый
16	шестна́дцать	шестна́дцатый
17	семна́дцать	семна́дцатый
18	восемна́дцать	восемна́дцатый
19	девятна́дцать	девятна́дцатый
20	два́дцать	два́дцатый
30	три́дцать	тридца́тый
40	со́рок	сороково́й

50	пятьдеся́т	пятидеся́тый
60	шестьдеся́т	шестидеся́тый
70	се́мьдесят	семидеся́тый
80	во́семьдесят	восьмидеся́тый
90	девяно́сто	девяно́стый
100	сто	со́тый
700	семьсо́т	семисо́тый
800	восемьсо́т	восьмисо́тый
900	девятьсо́т	девятисо́тый
1000	ты́сяча	ты́сячный
2000	две ты́сячи	двухты́сячный
3000	три ты́сячи	трёхты́сячный
4000	четы́ре ты́сячи	четырёхты́сячный
5000	пять ты́сяч	пятиты́сячный
6000	шесть ты́сяч	шеститы́сячный
7000	семь ты́сяч	семиты́сячный
8000	во́семь ты́сяч	восьмиты́сячный
9000	де́вять ты́сяч	девятиты́сячный
10,000	де́сять ты́сяч	десятиты́сячный
20,000	два́дцать ты́сяч	двадцатиты́сячный
100,000	сто ты́сяч	стоты́сячный
1,000,000	миллио́н	миллио́нный

2) 수사의 어형변화

◉ 개수사에서 1만이 **оди́н**(남), **одна́**(여), **одно́**(중), **одни́**(복수) 형태를 가진다. 2는 **два**(남), **две**(여) 형태만을 가지며, 그 외 개수사는 남성형태만 가진다.

◉ 순서수사는 형용사와 동일한 성 · 수 · 격 변화어미를 가진다.

◉ 1000(**тысяча**), 1,000,000(**миллион**)은 명사로서 각각 단수와 복수 격변화를 한다.

	단수			복수
	남성	여성	중성	
주격(1격)	оди́н	одна́	одно́	одни́
생격(2격)	одного́	одно́й	одного́	одни́х
여격(3격)	одному́	одно́й	одному́	одни́м
대격(4격)	оди́н одного́	одну́	одно́	одни́ одни́х
조격(5격)	одни́м	одно́й	одни́м	одни́ми
전치격(6격)	одно́м	одно́й	одно́м	одни́х

	단수			복수
	남성	여성		
주격(1격)	два	две	три	четы́ре
생격(2격)	двух	двух	трёх	четырёх
여격(3격)	двум	двум	трём	четырём
대격(4격)	два двух	две двух	три трёх	четы́ре четырёх
조격(5격)	двумя́	двумя́	тремя́	четырьмя́
전치격(6격)	двух	двух	трёх	четырёх

◉ 〈5, 10, 11, 30 〉

주격(1격)	пять	де́сять	оди́ннадцать	три́дцать
생격(2격)	пяти́	десяти́	оди́ннадцати	тридцати́
여격(3격)	пяти́	десяти́	оди́ннадцати	тридцати́
대격(4격)	пять	де́сять	оди́ннадцать	три́дцать
조격(5격)	пятью́	десятью́	оди́ннадцатью	тридцатью́
전치격(6격)	пяти́	десяти́	оди́ннадцати	тридцати́

◉ 〈40, 100, 200, 500 〉

주격(1격)	со́рок	сто	две́сти	пятьсо́т
생격(2격)	сорока́	ста	двухсо́т	пятисо́т
여격(3격)	сорока́	ста	двухста́м	пятиста́м
대격(4격)	со́рок	сто	две́сти	пятьсо́т
조격(5격)	сорока́	ста	двухста́ми	пятьюста́ми
전치격(6격)	сорока́	ста	двухста́х	пятиста́х

5. 동사 변화

Ⅰ 식 동사변화				
	чита́ть(읽다)	гуля́ть(산책하다)	смея́ться(웃다)	дава́ть(주다)
Я	чита́ю	гуля́ю	смею́сь	даю́
Ты	чита́ешь	гуля́ешь	смеёшься	даёшь
Он Она	чита́ет	гуля́ет	смеётся	даёт
Мы	чита́ем	гуля́ем	смеёмся	даём
Вы	чита́ете	гуля́ете	смеётесь	даёте
Они	чита́ют	гуля́ют	смею́тся	даю́т
Он Она Оно Они	чита́л чита́ла чита́ли чита́ли	гуля́л гуля́ла гуля́ло гуля́ли	смея́лся смея́лась смея́лось смея́лись	дава́л дава́ла дава́ло дава́ли

Ⅱ 식 동사변화				
	говори́ть(말하다)	смотре́ть(보다)	лежа́ть(눕다)	учи́ться(배우다)
Я	говорю́	смотрю́	лежу́	учу́сь
Ты	говори́шь	смо́тришь	лежи́шь	у́чишься
Он Она	говори́т	смо́трит	лежи́т	у́чится
Мы	говори́м	смо́трим	лежи́м	у́чимся
Вы	говори́те	смо́трите	лежи́те	у́читесь
Они	говоря́т	смо́трят	лежа́т	у́чатся
Он Она Оно Они	говори́л говори́ла говори́ло говори́ли	смотре́л смотре́ла смотре́ло смотре́ли	лежа́л лежа́ла лежа́ло лежа́ли	учи́лся учи́лась учи́лось учи́лись

<해답편>

Урок 1

1.

1)	музыка, спорт, кино, танцы	6)	ручкой, карандашом, маркером, фломастером
2)	литературу, балет, чтение, фильмы	7)	бабушке, директору, обществу, детям
3)	сестре, дочери, брату, родителям	8)	водки, сока, молока, шампанского
4)	учителем, медсестрой, переводчиком, гидом	9)	матери, подруге, другу, студентам
5)	машины, словаря, времени, денег	10)	Катю, Максима, Игоря, друзей

2.

1)	с ним	6)	о чём
2)	их	7)	нас
3)	кому	8)	о том
4)	этому	9)	мне
5)	ей/о ней	10)	её

3.

1)	старшему брату	6)	иностранными языками
2)	последнюю информацию	7)	свободного времени
3)	современную живопись	8)	высокого молодого человека
4)	младшей сестре	9)	старыми фильмами
5)	с опытным человеком	10)	крепкого здоровья

4.

1)	эту красивую девушку с этой красивой девушкой этой красивой девушке	6)	на этом синем море это синее море на это синее море
2)	нашего доброго учителя нашему доброму учителю с нашим добрым учителем	7)	твоим маленьким детям твоих маленьких детей с твоими маленькими детьми
3)	та современная песня ту современную песню о той современной песне	8)	наши новые студенты наших новых студентов наших новых студентов
4)	этим иностранным фильмом этот иностранный фильм об этом иностранном фильме	9)	ее доброй матери Ее доброй матери ее добрую мать
5)	его длинное письмо его длинное письмо о него длинном письме		

Урок 2

1.

1)	к близкому другу за близким другом у близкого друга	4)	перед городской аптекой в городской аптеке мимо городской аптеки
2)	с новым годом перед новым годом до нового года	5)	на Чёрном море а Чёрном море с Чёрного моря
3)	в современном кино о современном кино у современного кино	6)	с нашими студентами к нашим студентам без наших студентов

2.

1)	продуктовым магазином	6)	свою семью
2)	городского парка	7)	Южной Корее
3)	новогодний концерт	8)	Северном Кавказе
4)	младшего брата	9)	удобного стула
5)	опытными людьми	10)	большой комнаты

3.

1)	около двух часов	6)	за год
2)	за один месяц	7)	от пятого апреля
3)	через десять минут	8)	до вечера
4)	в пятницу	9)	до четверга
5)	в субботу	10)	к утру

4.

1)	о русской литературе	6)	через широкую улицу
2)	с Рождеством	7)	к нашему дому
3)	до московского вокзала	8)	у детского сада
4)	во вторник	9)	у моей сестры
5)	с этим молодым человеком	10)	у дальних родственников

Урок 3

1.

1)	ехал ездил ехал ездил	2)	будем ходить идём будем ходить идём	3)	шла ходила шла ходила

2.

1)	идти ходить идти ходить	2)	ездить ехать ездить ехать/ездить

3.

1)	ходят	6)	идём
2)	ездит	7)	ехал
3)	ходил	8)	ездил
4)	ходить	9)	шёл/ходил
5)	ездили/едем	10)	ездить

4.

1)	плыли	6)	бегают	11)	идет, ходит
2)	шли	7)	вела	12)	водит
3)	бежит	8)	ползло	13)	несла
4)	ведёт	9)	возил	14)	ведёт/вёл
5)	летают	10)	несёт/несла	15)	летит

Урок 4

1.

1)	ушёл	6)	отойди
2)	принесла	7)	подъехала
3)	прилетели	8)	отплыл
4)	увезла	9)	довёз
5)	привёл	10)	отбежала

2.

(1) (2)

1)	переплыл	1)	заеду
2)	перевести	2)	заводи
3)	переезжаю	3)	заносите
4)	перелетала	4)	забежал
5)	переплыть		забегай

3.

1)	приехали
2)	прилетали
3)	пришёл
4)	приносил
5)	привезла
6)	приплывал

Урок 5

1.

(1)	(2)
1) встаёт, встанет	1) будут заниматься
2) показывает, покажет	2) закончишь
3) спрашивает, спросит	3) будет изучать
4) отправим,отправляем	4) отдохнём
5) понимает, поймёт	5) будет работать

2.

1)	учил	2)	купила
3)	выполнил	4)	брала
5)	смотрели	6)	говорил
7)	печатала	8)	обидел
9)	поздоровался	10)	построил

3.

1)	не будет спорить	2)	будут гулять	3)	напишет
4)	посмотрят	5)	будете мучаться	6)	будем смотреть
7)	подаришь	8)	будут говорить	9)	поздравит
10)	будут брать				

4.

1)	писал	2)	исполнила	3)	поприветствовали
4)	пригласят	5)	расскажет	6)	жил
7)	посмотрят	8)	играл	9)	стучал
10)	подарила				

Урок6

1.

1)	писать	2)	строить
3)	готовить	4)	собирать
5)	играть	6)	курить
7)	повторять	8)	покупать
9)	кричать	10)	поступать

2.

1)	выучить	2)	перевести
3)	сдать	4)	выполнить
5)	приехать	6)	найти
7)	переносить	8)	решить
9)	оформить	10)	заказать

3.

1)	Не пишите	2)	Говорите	3)	Не снимайте
4)	Перепишите	5)	Не дарите	6)	Расскажите
7)	Не читайте	8)	Не покупайте	9)	Не курите
10)	Примите				

4.

1)	не включайте	2)	не давайте	3)	не спускайтесь
4)	не будите	5)	не разрешайте	6)	не решайте
7)	не переводите	8)	не учите		

Урок 7

1.

1)	причесалась	6)	(Сын) купается.
2)	готовится (к экзамену)	7)	(Я) вытираюсь
3)	(мне) не спалось	8)	(Внук) раздевается
4)	(я) не радуюсь	9)	Друзья обнялись.
5)	Я моюсь.	10)	Родители встретились.

2.

1)	Портрет пишется художником.
2)	Эта работа выполняется новым мастером.
3)	Эта статуя создается великим скульптором.
4)	Санкт-Петербург основался Пётром Первым.
5)	Она огляделась.
6)	Квартира освещается солнцем.
7)	План выполняется строителями.
8)	Эта проблема обсуждается нашей группой.
9)	Новый музей откроется мэром города.
10)	Лекция закончилась.

3.

1)	Знаменитый писатель, написавший роман,
2)	Этот архитектор, спроектировавший здание,
3)	Прекрасный скульптор, возведший памятник,
4)	Талантливый художник, написавший картину
5)	Рабочие, построившие дом,
6)	Мальчик, решивший задачу,
7)	Студент, сдавший экзамен,
8)	Главный редактор, разработавший проект,
9)	Наши спортсмены, выигравшие соревнования,
10)	Моя бабушка, рассказавшая историю,

4.

1)	Они видят неизвестный остров вдалеке.
2)	Люди хранят это событие в их памяти.
3)	Известный производитель поставляет это кофе.
4)	Учитель ведёт своего ученика всю жизнь.
5)	Никто не выносит этого человека.
6)	Сильный ветер гонит облака.
7)	Многие учёные изучают эту проблему.
8)	Оппозиция сильно критикует этого политика.
9)	Все уважают нашего дедушку.
10)	Полиция охраняет здание.

Урок 8

1.

начинающий	работающий
изучающий	проводящийся
говорящий	читающий
получающий	любящий
следующий	рисующий
пишуший	исследующий
заканчивающий	видящий
живущий	использующий
смотрящий	занимающийся
содержащийся	переводящий

2.

1)	сидящий
2)	знающий
3)	живущих
4)	изучающем
5)	исполняющие
6)	играющая
7)	ищущий
8)	имеющим
9)	приглашающий
10)	говорящих

3.

начавший	работавший
изучивший	проводившийся
говоривший	читавший
получивший	любивший
писавший	нарисовавший
решивший	сдавший
закончивший	увидевший
живший	построивший
смотревший	открывший
закрывший	переводивший

4.

1)	не сдавшие
2)	проводивший
3)	написавший
4)	снявший
5)	получивший
6)	проектировавший
7)	проводившего
8)	исполнившей
9)	унёсшей
10)	проходившим

Урок 9

1.

1)

получаемый	организуемый
изучаемый	анализируемый
выполняемый	предлагаемый
любимый	рассматриваемый
даваемый	создаваемый
узнаваемый	употребляемый
ведомый	принимаемый
переводимый	читаемый
приводимый	исполняемый
сравниваемый	наблюдаемый

2)

написанный	проданный
построенный	взятый
рассказанный	посланный
показанный	основанный
нарисованный	изданный
созданный	принятый
полученный	изученный
оставленный	открытый
проверенный	предложенный
решённый	закрытый

2.

1)	анализируемая	2)	издаваемые	3)	организуемые
4)	тренируемые	5)	произносимая	6)	переводимая
7)	освещаемая	8)	устраиваемая	9)	привозимые
10)	выполняемая				

3.

1)	выполненное	2)	спроектированный	3)	построенное
4)	приведённые	5)	рассмотренная	6)	проанализированные
7)	полученные	8)	открытые	9)	сделанное
10)	написанная				

4.

1)	изучаемая	2)	приводимые	3)	переводимой
4)	любимые	5)	освещаемого	6)	исполняемая
7)	исследуемых	8)	проводимой	9)	предполагаемое
10)	производимые				

Урок 10

1.

1)	сваренным, сварен	6)	напечатанный, напечатан
2)	обследован, обследованный	7)	освещена, освещённом
3)	закрытый, закрыт	8)	подаренную, подарены
4)	купленный, куплен	9)	исполненный, исполнено
5)	открыт, открытый	10)	полученные, получено

2.

(1)

1)	Учёный, который исследует сложную проблему, ...
2)	Исследователи, которые обращаются к новой теме, ...
3)	Компания, которая производит бытовую технику, ...
4)	Фильм, который идёт в кинотеатрах, ...
5)	Исследования, которые проводятся в научном институте, ...
6)	Все, кто свободно владеет компьютером, ...
7)	Студентка, которая прекрасно говорит на английском языке, ...
8)	Вопрос, который касается экономики, ...
9)	Человек, который обладает деловыми качествами, ...
10)	Люди, которые пользуются интернетом, ...

(2)

1)	которые начали работать	6)	который защитил
2)	который играл	7)	который выиграл
3)	которые проводили	8)	которая написала
4)	которые собрались	9)	который открылся
5)	который исполнил	10)	который закрылся

3.

(1)

1) лежащие	2) сидящие	3) говорящих
4) занимающуюся	5) желающим	6) стоящий
7) учащуюся	8) стоящему	9) начинающийся
10) растущие		

(2)

1) переводимая	2) исполняемая	3) открываемом
4) описываемые	5) публикуемые	6) обсуждаемая
7) изучаемый	8) любимый	9) получаемый
10) изображаемую		

4.

(1)

1) учившейся	2) получивших	3) работавшим
4) изучавшем	5) уехавшему	6) пославшей
7) ездившим	8) пригласившей	9) создавшем
10) принявший		

(2)

1) сделанных хозяином	6) взятом Светой
2) утомлённые поездкой	7) выпитом
3) исполненная популярным певцом	8) не решённый вчера
4) произведённая известной фабрикой	9) почти забытые людьми
5) построенном	1) посаженная нашим дедом

Урок 11

1.

1)

читая	бегая
думая	заканчивая
изучая	споря
рисуя	зная
лёжа	начиная
сидя	анализируя
танцуя	следуя
говоря	защищая
спрашивая	живя
улыбаясь	здороваясь

2)

прочитав	отдохнув
написав	открыв
закрыв	спросив
подумав	напечатав
позвонив	умывшись
забыв	решив
начав	закончив
взяв	прожив
постучав	попросив
дав	одевшись

2.

1)	выходя	2)	переводя	3)	готовясь
4)	подъезжая	5)	проверяя	6)	играя
7)	придя	8)	зная	9)	перебивая
10)	получая	11)	позвонив	12)	встав
13)	закончив	14)	попрощавшись	15)	спросив
16)	накрыв	17)	приняв, выпив	18)	проветрив
19)	взяв	20)	посоветовавшись		

3.

1)	глядя	2)	приезжая	3)	лёжа
4)	занимаясь	5)	старея	6)	слушая
7)	планируя	8)	читая	9)	расставаясь
10)	возращаясь				

4.

1)	написав	2)	проанализировав	3)	позавтракав
4)	услышав	5)	потеряв	6)	сдав
7)	возвратившись	8)	окончив	9)	пообещав
10)	почувствовав				

Урок 12

1.

1)	Когда они сидели за столом
2)	Он читал и лежал
3)	Когда он поднимался по лестнице
4)	Бабушка старалась не шуметь и наливала
5)	Когда отец возвращался домой, он
6)	Когда он учился в школе
7)	Если мы будем изучать иностранный язык, мы
8)	Мы провожали поезд и мы стояли
9)	Если он обещал, он
10)	Когда мы приезжали, мы

2.

1)	После того как она прочитала,
2)	Если изучить все темы,
3)	После того как он отдохнул,
4)	После того как отец проснулся, он
5)	Когда мы возвращались в общежитие,
6)	После того как моя сестра закончила университет, она
7)	Несмотря на то что он не выучил тему,
8)	Аня ничего нам не сказала и пошла домой.
9)	После того как он получил письмо,
10)	После того как он открыл холодильник,

3.

1)	получив	2)	поехав	3)	прочитав
4)	позвонив	5)	стоя	6)	будучи занят
7)	приготовив	8)	купив	9)	решив
10)	заняв				

4.

1)	написав	2)	проанализировав	3)	позавтракав
4)	услышав	5)	потеряв	6)	сдав
7)	возвратившись	8)	окончив	9)	пообещав
10)	почувствовав				

Урок 13

2.

1)	но, а	2)	но, и	3)	но, и	4)	и, но	5)	но, и

3.

1)	и	2)	и	3)	но	4)	а	5)	а
6)	но	7)	а	8)	но	9)	а	10)	и

4.

1)	или/ либо	2)	или
3)	а	4)	не то.. не то
5)	и… и…	6)	или… или…
7)	и… и…	8)	а
9)	а	10)	или

Урок 14

1.

1)	что	2)	чтобы
3)	что	4)	чтобы
5)	чтобы	6)	чтобы
7)	что	8)	что
9)	чтобы	10)	чтобы

2.

1)	Стало совсем темно, потому что тучи закрыли луну.
2)	Нужно сходить на почту, потому что пришла посылка.
3)	Я дома один, так как родители уехали за границу.
4)	Он много знает, поэтому он часто участвует в викторинах.
5)	Аня хорошо говорит по-английски, потому что она жила в Англии.
6)	Учёные применили новый метод, поэтому они получили высокие результаты.
7)	Мы вставали всегда рано, поэтому мы всё успевали сделать.
8)	Он не понял вопроса, поэтому ответил неправильно.
9)	Мой друг заболел, поэтому он не был в университете.
10)	В самом начале я сделал ошибку, поэтому решение задачи стало неверным.

3.

1)	Лес шумит, когда дует сильный ветер.
2)	Дети катаются на лыжах, когда наступает зима.
3)	Когда мы вернулись домой, было совсем темно.
4)	Папа пришёл с работы после того, как дочь вернулась из школы.
5)	После того как он открыл окно, в комнате стало прохладно.
6)	Он не пришёл. Все его ждали.
7)	Корабль был далеко от берега, когда началась буря.
8)	После того как мы постучали в дверь, были слышны шаги.
9)	До того как он съездил в Китай, он был в Японии.
10)	После того как Света позавтракала, онавышла из дома.

4.

1)	Я изучаю русский язык, чтобы у меня появилась возможность работать в России.
2)	Мой друг выбрал русский язык, потому что у России есть большое будущее.
3)	Я много занимался до того, как начались экзамены.
4)	Я поступил в университет после того, как успешно окончил школу.
5)	Он часто делает ошибки, хотя много занимается
6)	Я его уважаю настолько, насколько он уважает меня.
7)	Моя бабушка хорошо выглядит несмотря на то, что ей уже 80 лет.
8)	Светило солнце, и пели птицы, словно уже наступило лето.
9)	Мой друг много занимался, поэтому очень хорошо сдал экзамен.
10)	У нас ничего не получалось, как мы хотели.

Урок 15

1.

1)	Мать крикнула, что обед уже готов.
2)	Друг позвонил и сказал, что сегодня не будет лекции.
3)	Он думал, что, наверное, сегодня будет дождь.
4)	Света тихо произнесла, что она любит чай.
5)	Экскурсовод сообщил, что город был основан три века назад.
6)	Девушка сказала, что она опять начнёт учиться.
7)	Миша крикнул Марине, что ей кто-то звонил.
8)	Декан сказал громким голосом студентам, что конференция продолжится через 30 минут.
9)	Алина сказала, что она идёт в библиотеку.
10)	Никита сказал, что город расположен на берегу моря, тёплый климат, красивые виды.

2.

1)	Мама сказала Наташе, чтобы она сходила в магазин и принесла хлеба.
2)	Бабушка попросила внука, чтобы он помог ей.
3)	Коля попросил бабушку, чтобы она приготовила им кашу.
4)	Рома крикнул Саше, чтобы он бежал к ним.
5)	Преподаватель, войдя в аудиторию, сказал студентам, чтобы староста вышел к доске.
6)	Нина кричала подруге, чтобы она приезжала к ним.
7)	Он строго приказал собаке, чтобы она села.
8)	Мария Ивановна сказала, чтобы мы открыли тетради и писали.
9)	Саша сказал шепотом Сергею Ивановичу, чтобы он позвонил им, когда он доедет.
10)	Иван крикнул, чтобы мы шли к нему.

3.

1)	Дедушка спросил Машу, куда она ходила.
2)	Анатолий прошептал, почему нас так долго не было.
3)	Гена спросил меня, о чем я говорил с Иваном.
4)	Преподаватель спросил, откуда мы приехали.
5)	Мой друг спросил меня, с кем я вчера ходил в кино.
6)	Нина спросила Аню, кому она купила этот шарф.
7)	Кирилл спросил его,что он любит: чай или кофе.
8)	Преподаватель спрашивал студентов, о чём они мечтают, какие их планы на будущее.
9)	Он спросил когда, кем был основал этот город.
10)	Он тихо уточнил, когда они уезжают назад.

4.

1)	Ирина спросила, часто ли мы ездим за границу.
2)	Декан задал нам вопрос, участвуем ли мы в студенческом собрании.
3)	Женя спросила подругу, хочет ли она кофе.
4)	Он посмотрел на наши вещи и сказал, весь ли это наш багаж.
5)	Прохожий спросил меня, открыт ли магазин.
6)	Моя подруга спросила меня, есть ли уменя брат-близнец.
7)	Преподаватель сказал, прочитали ли мы текст и сделали ли перевод.
8)	Саша уточнил, надо ли повернуть направо и пройти сто метров.
9)	Света спросила Веру, закончила ли она уже работу над проектом.
10)	Я спросил отца, вернётся ли он в субботу.

안녕! 중급 러시아어

Привет! Русский язык

2014년 03월 15일 초판 인쇄

2014년 03월 20일 인쇄 발행

저 자 최윤희, Бриченкова Е. С.

발 행 인 송기수

발 행 처 **도서출판 GS인터비전**

편 집 처 **도서출판 GS인터비전**

등록번호 제 25100-2016-000050 호

I S B N 979-11-5576-027-7 (94790)
978-89-97231-84-3 (세트)

주 소 서울 은평구 증산로 15길 69 2층

전 화 02-976-7898

팩 스 02-6468-7898

홈페이지 gsintervision.co.kr

E-Mail gsinter7@gmail.com

정가 25,000